Tabla de Contenido

Prefacio	vii
Agradecimientos	xi
Introducción	xiii
Ciclo De Cinco Pliegues – Diagrama	xvi
I. Una Comprensión de los Antecedentes	**1**
1. Todos somos personas rotas	1
2. ¿Qué hacemos para salir de este ciclo?	2
3. ¿Por qué no tenemos un orden perfecto?	3
4. Tenemos libre albedrío y elección	4
Diagrama - Línea De Elección	4
5. La separación del Cuerpo, Mente, Alma y Espíritu	5
Tenemos cuatro componentes básicos	5
La Teoría de la Telaraña	8
Cuatro Componentes Básicos Explicados	11
6. Opciones	11
7. Así Que Revisemos	13
Un Pastel	14
Ley Espiritual - Los Negativos no están bajo la regla de Jesús	15
Ley Espiritual - Dios Usa Todas las Cosas	16
Cristo Espera A Tu Puerta	17
II. Proceso	**18**
Paso Uno: Centrarse En Dios	**18**

Paso Dos: Identificar un Problema o Preocupación   **20**
(a) Identificar   20
     Diagrama – Cuña   20
     Teoría Del Mordisco   21
(b) Fuentes   21
     Teoría del Yeso   22
(c) Dones del Espíritu Santo   24
     Teoría Del Cubo   25
(d) Los Problemas Están Interconectados   26
     Vaso De Agua Y Teoría Del Cubo   27

Paso Tres: Limpieza   **27**
(a) Es Simple (como todas las cosas de Dios)   27
     Ley Espiritual: No Te Aferres A Las Heridas   29
(b) No dejes que los Malos Pensamientos te Coman   29
(c) Espíritus y Esclavitud   31
(d) Los Pensamientos Causan Sentimientos   31
     Teoría De Mordisquear El Cubo   33
     Ley Espiritual: los Problemas No Estarán Más Allá de tu Fuerza   33

Paso Cuatro: Llenando   **36**
(a) Es Hora de Llenar   36
(b) No Olvides A Los Demás   38
(c) Pidiendo   38
(d) Advertencia   39
(e) Tu y Yo Tenemos Fugas   40
     Tamiz Humano   42

Paso Cinco: Dar Gracias Al Señor   **43**

CURANDO LAS LESIONES DE LA VIDA

CICLO DE CINCO PLIEGUES

Método de Sanación de Heridas Personales.

KENNETH L. FABBI

Editor:
Kenneth L. Fabbi
Lethbridge, Alberta, Canada

Derechos de Autor © 2016 by Kenneth L. Fabbi
Primera Versión en inglés – 1990
Segunda Versión en inglés – 2016
Tercera Versión en inglés – 2019
Todos los derechos reservados.

Escritura tomada de la SANTA BIBLIA, NUEVA VERSIÓN INTERNACIONAL® NVI® © 1999, 2015 por Biblica, Inc.®. Usado con permiso de Biblica, Inc.® Reservados todos los derechos en todo el mundo.

Cualquier dirección de Internet (sitios web, correo electrónico, etc.) impresa en este libro se ofrece como un recurso. No tienen la intención de ser o implicar un respaldo de Kenneth L. Fabbi Publishing.

Ninguna parte de esta publicación puede reproducirse de ninguna forma, ni por ningún medio, electrónico o mecánico, incluyendo fotocopias, grabaciones o cualquier sistema de navegación, almacenamiento o recuperación de información, sin el permiso por escrito del Autor. Kenneth agradecería su comunicación en FiveFoldCycle@gmail.com.

ISBN:
Libro de Bolsillo: 978-0-9952039-7-6
Libro Electrónico: 978-0-9952039-8-3

Temas: *Oración de Sanación - - Cristianismo - -*
   Resolución de Problemas - - Crecimiento

   I. Título   II. Fabbi, Kenneth L.

III. Instrucciones   **45**

1. ¿Cuándo usas este Método?   45
   Negativos a los Positivos A Través de la Cruz   46

2. Veamos la Depresión.   47
   (a) Ira (Falta de Perdón)   48
   (b) Culpa   48
   (c) Depresión   49

3. La Historia de Mary   49

4. La Historia de Kora Lynne   52

5. ¿Qué pasa con los Problemas Sexuales?   55
   a) El Homosexual   56
   b) El Niño Abusado   58

6. Lidiando con Sentimientos, Emociones o Presiones   61

7. Mi Oración   65

NOTAS: **67**

Apéndice 'A'
Ciclo De Cinco Pliegues – Método de Sanación de Heridas Personales   **71**

Apéndice 'B'
El Espíritu Santo y los Dones del Espíritu Santo   **74**

Apéndice 'C'
Todo lo Negativo se convierte en Positivo en la Cruz   **78**

Apéndice 'D'
Lecturas Suplementarias   **81**
1. Referencias de Sanación Interna   81
2. Referencias de los Dones del Espíritu Santo   82
3. Referencias de Liberación   83
4. Revisión de Investigación de la Interacción de la Religión y la Salud   83

Apéndice 'E'

La Escritura Como Medicina – El Rx del Doctor Jesús   **85**

Prefacio

Cuando comenzaba mi trabajo como consejero cristiano, me preguntaba cómo enseñaría a las personas sobre las maravillas de la sanación de nuestro Señor. Había leído muchos libros de personas involucradas en el campo de la Sanación Cristiana, pero ninguno parecía decirle a la gente cómo hacerlo. Todos decían cosas como: "ven al Señor en oración", "deja que el Señor tome tu sufrimiento", "ofrécelo al Señor", "dáselo al Señor", pero nadie te dijo cómo hacerlo. . Me sorprendieron todas las buenas ideas y personas orantes y santas; todos parecían saber que el Señor arreglaría las cosas, pero ¿cómo?

Mientras oraba y aconsejaba a las personas, descubrí que el Señor me estaba mostrando cosas simples con respecto a la oración, como imágenes, teorías, verdades y métodos. Todo el conocimiento se unió como sabiduría. En oración ofrecí las ideas a personas muy dolorosas y el Señor las curó. Los incidentes milagrosos eclipsaron los eventos cotidianos. Cada día seguía asombrándome; algunos de los milagros fueron sólo pruebas para alentarnos.

Recuerdo un día cuando Carol había venido a rezar; estaba preocupada y deprimida ese día. Cuando se fue, volví a escribir en mi escritorio. Entonces escuché un ruido proveniente de un auto afuera. Una y otra vez escuché a alguien tratando de arrancar su auto, y el motor de arranque. Finalmente me molestó tanto que asomé la cabeza, sólo para encontrar a Carol todavía estacionada frente al edificio. Me acerqué y miré por la ventana abierta del pasajero. "¿No arranca?", pregunté. "Digamos una oración". Carol siempre estuvo abierta a la oración. Rezamos una oración rápida, luego volvió a probar el entrante y comenzó sin problemas. Sonreí con asombro. El Señor nos había alentado: era sólo un pequeño adelanto del Señor para asegurarnos que estaba cerca y activo.

Me convencí cada vez más del poder de la oración curativa a medida que pasaba el tiempo; el Señor estaba sanando mis heridas personales y me estaba usando para enseñar a otros a recibir la sanación. Comencé a recopilar mis ideas y ponerlas en una metodología; era tan simple que la gente no creía que funcionaría. Me encontré a mí mismo diciendo cientos de veces: "¡Sólo pruébalo! ¡Experimente!" Generalmente, podía hacer que los clientes lo probaran como un experimento. Lo haríamos en mi oficina con los problemas que me presentaron, y los desafiaría a intentarlo en casa. Cuando volvieron la próxima vez, le preguntaría cómo les fue, y la mayoría de las veces dijeron que habían encontrado más paz.

Lo siguiente fue escribir el Método para que las personas pudieran llevárselo a casa y ponerlo en su perspectiva teórica. Me ayudó a organizarme y ver la interactividad de los pasos. Agradezco a personas como mi hermano Ron, Maria Lemire, Ron Favreau y los muchos clientes y amigos que me enseñaron y me desafiaron en el camino.

También le agradezco al Señor, porque sé que no fui yo quien armó todo esto. El Señor me hizo enseñar; Él compartió su Espíritu Santo y los dones, y me ayudó a ser sistemático. Cuando me propuso ministrar a los demás, estaba todo menos organizado. Era inconsistente, viví una vida pecaminosa y no iba a ninguna parte con mucha velocidad. Hoy me siento en paz y dirigido. Esto viene del Señor.

Te ofrezco el siguiente material. Deseo y rezo para que te sea útil. Te pido que lo pruebes. Les pido que lo compartan con cualquiera bajo la dirección del Señor. Recuerde, yo no soy el sanador, y usted no es el sanador. Jesús es el Sanador.

Encontrará que este método es simple, como lo son todas las cosas del Señor: se ajustará a su vida espiritual. El Señor lo guiará para que sea fructífero siempre que lo escuche. Esté abierto a cómo el Señor quiere tratar con usted. Él se ocupa de cada uno de nosotros de manera personal y privada.

Diviértete y disfruta de tu lectura.
- Ken.

CICLO DE CINCO PLIEGUES

Agradecimientos:

El género, los nombres, los lugares, las profesiones, las edades y las apariencias de las personas cuyas historias se cuentan en este libro se han cambiado para proteger sus identidades, a menos que hayan otorgado permiso al autor o editor para hacer lo contrario.

Un agradecimiento especial a Kay Peterson por las imágenes originales de 1990 y la actualización de algunas para esta edición. Y también gracias a Gerben Terpstra por su excelente redacción de la imagen de *Ciclos De Cinco Pliegues*. Les agradezco amigos.

Para mi editora en inglés, Laura Petker, quiero reconocer que sin su ayuda este material sería muy difícil de leer. ¡Gracias por tu ayuda profesional!

Además, me gustaría agradecer especialmente a Sylvia Osejo y Adriana Díaz por traducir este material al Español. ¡Sylvia, has sido una compañera de oración muy especial! Adriana, aprecio la profundidad de tu oración y tu corazón por Jesús.

Introducción

En este libro describo un *Método de Sanación de Heridas Personales*[1] titulado *"Ciclo De Cinco Pliegues"*. Es un enfoque de sistemas para la resolución de problemas y está destinado a ser utilizado para ayudar en la sanación de recuerdos, sanación de emociones, sanación de la propia imagen, sanación de relaciones y otras oraciones de sanación interior. Es un método para ajustar la oración de sanación, para utilizar mejor la "poda / limpieza" del Señor.

Las Escrituras describen la poda y la limpieza del Señor de esta manera:

> »Yo soy la vid verdadera, y mi Padre es el labrador. [2] Toda rama que en mí no da fruto, la corta; pero toda rama que da fruto la poda para que dé más fruto todavía.
> (Juan 15:1-2)

Es un simple mensaje del Señor. Él dice que debemos estar "en Él" y luego Él nos "podará" (limpiará).

Me viene a la mente una vieja canción que describe más adecuadamente el proceso que debemos usar para recibir la limpieza del Señor:

Oh, Qué Amigo Nos Es Cristo

Oh, qué amigo nos es Cristo,
Él llevó nuestro dolor
Y nos manda que llevemos
Todo a Dios en oración.

¿Vive el hombre desprovisto
de paz, gozo y santo amor?
Esto es porque no llevamos
Todo a Dios en oración.

El proceso es simple: debemos llevar cada problema o situación individual al Señor y pedirle su ayuda para limpiarlo. Al hacer esto, nos unimos a Él como una rama de un árbol y Él se une a nosotros, dándonos alimento y paz.

> [4] Permanezcan en mí, y yo permaneceré en ustedes. Así como ninguna rama puede dar fruto por sí misma, sino que tiene que permanecer en la vid, así tampoco ustedes pueden dar fruto si no permanecen en mí.
> (Juan 15:4)

También nos damos cuenta de que no podemos dar fruto, o como dice el movimiento de Alcohólicos Anónimos: somos incapaces a menos que permanezcamos en Él.

»Yo soy la vid y ustedes son las ramas. El que permanece en mí, como yo en él, dará mucho fruto; separados de mí no pueden ustedes hacer nada.
(Juan 15:5)

Miremos la simplicidad del proceso que Dios ha descrito para nosotros. Lo describiría de esta manera:

Venimos a Dios en oración. Nos enfocamos en un problema o situación, pidiendo la ayuda del Señor a través de Su Espíritu Santo. El Espíritu Santo nos guía mientras lo llevamos al Señor en oración, pidiendo limpieza / poda. Después de la limpieza, le pedimos al Señor que nos llene de sus bendiciones. Y finalmente, alejamos el enfoque de nosotros mismos y nos reenfocamos en el Señor en acción de gracias y alabanza.

CICLO DE CINCO PLIEGUES - Diagrama

Método de Sanación de Heridas Personales

¿Por qué necesitamos sanación interna? ¿Por qué necesitamos este proceso? Para comprender estas preguntas, debemos mirar el trasfondo bíblico que conduce a la necesidad de este proceso. Luego veremos el proceso en sí y cómo se usa el del *Ciclo De Cinco Pliegues* – un método para resolver problemas – se utiliza.

I. Una Comprensión de los Antecedentes

1. Todos somos Personas Rotas

No importa quién eres, en qué familia creciste, ni tus circunstancias financieras – has sido herido. ¡Todos somos personas rotas!

Mira a tus padres por un minuto. A menudo es más fácil ver su fragilidad antes de que podamos ver la nuestra. Cada uno de tus padres tuvo sus problemas, sus heridas, sus llagas. Toma a tu madre por ejemplo. ¿Cuáles fueron sus heridas? ¿Tenía problemas con la madre? ¿Hubo ausencia de una madre, o era dominante?

¿Aprendiste sus miedos, su ira, su amargura, o tal vez su culpa y falta de confianza en sí mismo? Tómate un momento para hacer una pausa – cierra los ojos y reflexiona sobre la ruptura que recibiste de tu madre.

Mira a tu padre ¿Cuáles fueron sus heridas? ¿Cómo te afectó? ¿Aprendiste orgullo y confianza, o fue miedo y desconfianza? ¿Era sensible y amoroso, o un tirano? O tal vez, simplemente ¿ineficaz? Tómese un momento para cerrar los ojos y reflexionar sobre su padre y la ruptura que recibió de él.

Somos un producto de nuestros padres rotos que experimentaron dolor a lo largo de su vida, y parte de ese dolor nos pasó a nosotros.

Ahora no me malinterpreten, nuestros padres también tenían buenos puntos. Amaban, cuidaban y nutrierón. Hicieron lo mejor con las cosas que tenían para ofrecer. Pero cada uno de nosotros resultó herido. Cada uno de nosotros es una persona rota.

2. ¿Qué hacemos para Salir de Este Ciclo?

Entonces me viene a la mente la pregunta: ¿Qué hacemos para salir de este ciclo? Esta es la pregunta central de este libro. A través de Cristo se nos ha ofrecido una solución a nuestro quebran

> [17] Esto sucedió para que se cumpliera lo dicho por el profeta Isaías: «Él cargó con nuestras enfermedades y soportó nuestros dolores» (Mateo 8:17, Isaías 53: 4-5)

Incluso en Isaías del Antiguo Testamento, se predijo que Jesús vendría y quitaría nuestros pecados y heridas. ¡Dios es fiel a sus promesas!

> [4] Ciertamente él cargó con nuestras enfermedades y soportó nuestros dolores, pero nosotros lo consideramos herido, golpeado por Dios, y humillado. [5] Él fue traspasado por nuestras rebeliones, y molido por nuestras iniquidades; sobre él recayó el castigo, precio de nuestra paz, y gracias a sus heridas fuimos sanados. (Isaías 53: 4-5)

3. ¿Por qué no tenemos un Orden Perfecto?

La historia bíblica nos habla de Adán y Eva como golpeados a semejanza de Dios. Si entonces fuéramos proyectados a la imagen de Dios (Génesis 1:26), ¿no deberíamos tener un orden perfecto? Bueno, sí, pero en Génesis Capítulo 3 habla sobre la caída de Adán y Eva y cómo esta caída ha afectado a toda la creación. Básicamente, estamos sufriendo el efecto de su pecado. Los católicos llaman a esto "pecado original". Pablo escribe que al igual que el acto "en Adán" que nos derribó, "en Jesús" fue el acto que nos trajo a la vida.

> [21] De hecho, ya que la muerte vino por medio de un hombre, también por medio de un hombre viene la resurrección de los muertos. [22] Pues así como en Adán todos mueren, también en Cristo todos volverán a vivir, (1 Corintios 15:21-22)

No tenemos un orden perfecto porque al principio estamos "en Adán". En su caída, nuestra naturaleza espiritual se separó de Dios. La consecuencia de su acción fue la muerte espiritual, así como la muerte física. "En Cristo" estamos reunidos, recibimos sanidad y vida.

4. Tenemos Libre Albedrío y Elección

Dios nos dio libre albedrío. Con este libre albedrío, tenemos que elegir seguir a Dios y sus mandamientos, o seguir nuestras propias actividades mundanas.

DIAGRAMA - LÍNEA DE ELECCIÓN

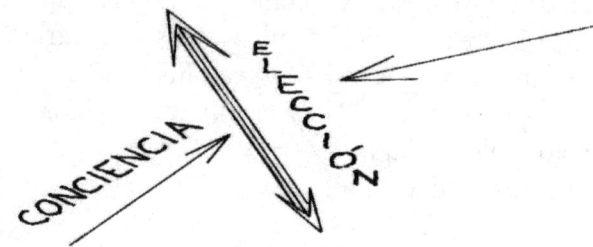

La elección nos queda a nosotros, y lo que elegimos es lo que tenemos. Si elegimos a Dios, y junto con Él, a Jesús y al Espíritu Santo, entonces nos abrimos a la sanación y a la integridad.

> Fue él quien creó a la humanidad al principio, y los dejó en el poder de su propia libre elección. Si eliges, puedes guardar los mandamientos, y actuar fielmente es asunto tuyo. Él ha puesto delante de ti fuego y agua; extiende tu mano para lo que elijas. Antes de que cada persona tenga vida o muerte, y lo que uno elija se le dará.
> (Eclesiastico 15:14-17)

Si elegimos el mundo – la carne, o el dinero – entonces nos despojaremos de la integridad y de la sanación.

La decisión es tuya, no puedes servir a dos maestros (Mateo 6:24). ¿Qué vas a elegir? Detente y piensa en ello.

Ahora, no sé por qué el Señor Dios nos dio la libre elección. Si fueras Dios, ¿le habrías dado a los humanos libre elección? Pero lo hizo, y lo tenemos. Y debemos darle un buen uso.

5. La separación del Cuerpo, Mente, Alma y Espíritu.

Tenemos cuatro componentes básicos:

i) Cuerpo
ii) Mente
iii) Alma [2]
iv) Espíritu

Si pensamos en nosotros mismos como estos componentes, entonces podemos entender más fácilmente cómo nos afecta la elección. Además, podemos ver cómo se logra la integridad y se produce la sanación. Observe cómo sus elecciones afectan los diferentes componentes.

Cuando tomamos una decisión por Cristo y la Trinidad, nuestro espíritu se sana de inmediato y se une con el Señor. Es la primera experiencia de conversión.

NUESTRO ESPÍRITU ≈ EL ESPÍRITU SANTO

Esta es la experiencia de conversión, o la experiencia de "renacer" de la que hablan los cristianos. Algo sucede y nos sentimos bien. ¿Cómo más podríamos sentirnos en la presencia del Señor?

Verá, con la caída de Adán y Eva, fuimos separados del Señor (Génesis 3: 23+). Con nuestro libre albedrío podemos permitir que nuestro espíritu se reencuentre con el Señor.

Cuando tomamos una decisión por Cristo, nuestro espíritu se une con el Señor, pero ¿qué le ha sucedido a nuestro cuerpo? ¡Nada! Nuestro cuerpo sigue teniendo el mismo tamaño y la misma altura que antes. Si teníamos úlceras, todavía tenemos úlceras. Si estuviéramos gordos, todavía estamos gordos. La conversión no cambió nuestro cuerpo. Se nos dice que lo hagamos un templo apropiado para la morada del Espíritu Santo (1 Corintios 6: 19-20). Esto significa que debemos comenzar a cuidarlo – comer bien, dormir bien, hacer ejercicio y cuidarlo. Mientras hacemos esto, nuestro cuerpo se une con nuestra alma.

¿Qué hay de nuestra mente? No hay cambio que notamos, ¿o sí? Todavía tenemos los mismos pensamientos que teníamos antes, y los mismos sentimientos conmovidos por esos pensamientos. Si alguien nos lastimó – por ejemplo, si fuimos abusados sexualmente, aún lo recordamos. Todavía nos sentimos enojados, temerosos, culpables, desconfiados, con odio hacia hombres o mujeres, tenemos problemas sexuales, etc. ¿Entonces nuestra mente es la misma? Todavía pensamos en cosas que no son de Dios; todavía nos sentimos ansiosos, preocupados e impacientes. Entonces claramente el Fruto del Espíritu [3] no está presente, y por lo tanto nuestra mente no ha cambiado. O quizás si.

Sí, ha *habido* un cambio. Hay nuevos pensamientos. Cuando tomamos la decisión del Señor, el Espíritu Santo nos dio dones. Sólo en este punto, no están abarcando nuestra vida. Muchos de los regalos no han sido activados.

El Padre John H. Hampsch, C.M.F.,[4] explica la posición en la que nos encontramos como "no completamente operativos". Los dones y los frutos del Espíritu Santo están disponibles para nosotros, pero no los hemos puesto en uso. El Padre Hampsch lo explicó como recibir un don de un amigo y colocarlo en un estante. Tenemos el don, pero todavía está completamente empaquetado y envuelto.

Si no comprende lo que se entiende por dones y fruto del Espíritu Santo, le recomiendo que revise el Apéndice "B". Se puede obtener una mayor comprensión al leer el libro de T. W. Roycroft, *You Can Minister Spiritual Gifts*, que fue publicado por este autor. Si eres católico, podrías leer los libros del Padre Robert DeGrandis: *Introduction to the Catholic Charismatic Renewal, Growth in the Spirit*, and *Layperson's Manual for the Healing Ministry*.[5] Si usted es Protestante o Anglicano / Episcopal, le recomiendo que lea los libros de Dennis y Rita Bennett: *Nine o'clock In The Morning, The Holy Spirit and You, and Trinity of Man.*[6]

Nuestro trabajo es aprender a usar los dones del Espíritu Santo y comenzar a vivir en Su Fruto.

¿Qué hay del Alma?[7] ¿Ha cambiado? No. Todavía estamos agobiados por el residuo del pecado que no ha sido confesado. Las cosas que hemos hecho mal fuera del amor de Dios aún nos afectan y afectan tanto a nuestra mente (culpa) como a nuestro cuerpo.

Aquí hay que darse cuenta de que las cuatro áreas están interrelacionadas y, por lo tanto, se afectan mutuamente.

La Teoría de la Telaraña

Es como una telaraña. Cada hebra está interconectada con cualquier otra hebra. Nuestra vida es como una red de experiencias, recuerdos, emociones y reacciones.

Es fácil verlo cuando pensamos en cómo nuestra mente y nuestro cuerpo están conectados, por ejemplo, cuando nos preocupamos podríamos terminar con úlceras.

Es un poco más difícil ver el otro lado. Un ejemplo podría ser que, cuando tenemos una lesión o gripe, esto afecta nuestra capacidad para concentrarnos y pensar con claridad.

De manera similar, el alma afecta al cuerpo y a la mente, y viceversa, el alma se ve afectada por el cuerpo y por la mente.

Supongo que a estas alturas ya estás entendiendo – las elecciones nos afectan en nuestra relación con el Señor. Si no estamos a la luz del Señor, entonces nos abrimos a los problemas. Hemos tomado las decisiones equivocadas.

> [18] La senda de los justos se asemeja a los primeros albores de la aurora: su esplendor va en aumento hasta que el día alcanza su plenitud. [19] Pero el camino de los malvados es como la más densa oscuridad; ¡ni siquiera saben con qué tropiezan!. (Proverbios 4:18-19)

Cuando elegimos al Señor, nuestro espíritu se une inmediatamente con Él. Esto inicia el proceso de conversión de las otras áreas de la mente, el cuerpo y el alma.

Las Escrituras nos dicen que renovamos nuestras mentes, se nos dice que adoptemos nuevas mentes y eliminemos las viejas. Esto significa que debemos permitir que la luz del Señor entre en viejos recuerdos, viejas emociones, viejos pensamientos y los viejos comportamientos automáticos a los que estamos acostumbrados. Mientras hacemos esto, el Señor comienza a renovar esos pensamientos, recuerdos y emociones. Los viejos comportamientos automáticos (reacciones, réplicas y reflejos), se transforman y cambian a la luz del Señor. Poco a poco, nuestra mente se renueva y se une.

También se nos dice que hagamos de nuestro cuerpo un templo del Espíritu Santo. Esto significa que debemos reevaluar cómo cuidamos nuestros cuerpos, debemos comenzar a hacerlos templos dignos del Espíritu Santo. Esto significa comer bien, dormir bien, hacer ejercicio y cuidar nuestros cuerpos; También puede significar atención médica. Comenzamos a renovar nuestros cuerpos y a unirlos.

El alma, como coleccionista del pecado, necesita ser limpiada. Necesitamos llevar todos y cada uno de los pecados a la luz del Señor y pedir perdón. A medida que limpiamos el pecado, el alma se une con las otras partes.

Gradualmente, todas las partes del cuerpo, mente, alma y espíritu, se unen y se unen con el Señor a través del Espíritu Santo.

Hasta que unamos las partes en unidad con el Espíritu, hay disonancia, y la disonancia causa confusión y sentimientos inestables. A menudo, esta disonancia lleva a las personas a pensar que no fueron salvadas por su decisión por el Señor. El problema es que no cumplieron con su elección, no limpiaron el cuerpo, la mente y el alma.

Debemos llevar cada área al Señor, poco a poco, y ponerla bajo Su Luz y Señorío (Su gobierno). Cada uno es una experiencia de mini conversión: morir a uno mismo, renovar lo viejo.

CUATRO COMPONENTES BÁSICOS EXPLICADOS

CUERPO ≈ Templo del Espíritu Santo

MENTE ≈ Viejos Pensamientos, Patrones / Comportamientos, Recuerdos y las Emociones atadas a ellos.
Nuevos Pensamientos e Impulsos

ALMA ≈ Pecados y Bendiciones

---------------------- Línea de Disonancia ----------------------

ESPÍRITU ≈ El Espíritu de Dios

6. Opciones

La primera opción que predispone a todos los demás es una elección para Cristo Jesús. Subyacente es nuestro entendimiento de que Jesús es Dios y la segunda Persona de la Santísima Trinidad (Dios Padre, Hijo y Espíritu Santo).

La siguiente etapa de elección es recurrir a Dios en cada evento de nuestra vida: pensamiento, palabra y acción. Todas son experiencias de mini conversión. De esta manera, podemos comenzar a experimentar al hombre nuevo y el cambio radical que Cristo prometió.

Un amigo y yo estábamos escalando una montaña un día, y cuando nos acercamos a la cima de una cresta, el miedo se apoderó de él, el cual había ido acumulando a medida que subíamos más y más. El miedo ahora era abrumador y estaba sansioso y udando, aferrándose a los arbustos y árboles por todo lo que valía. Conocía su miedo a las alturas, pero nunca me había dejado rezar y siempre supuse que él mismo haría la oración curativa. Sin embargo, el miedo lo había dominado y no estaba disfrutando de la montaña ni de la vista desde la cresta que miraba hacia un lago virgen. Me ofrecí a rezar.

Ahora notará que uso la palabra "simple" cuando me refiero a las cosas de Dios, porque las cosas de Dios son simples. Lea, por ejemplo, esta escritura: "El amor perfecto expulsa el miedo", o podríamos decir, "El amor expulsa todo el miedo" (1 Juan 4: 18). Es una ecuación simple: el amor y el miedo son opuestos. Pero volvamos a la historia.

Nos detuvimos, cerramos los ojos, nos concentramos en el miedo y buscamos la fuente. La fuente resultó ser un incidente que ocurrió cuando era un joven granjero, saltaba de la parte delantera de un hilerador y cayó, golpeando la tierra. Fue un pequeño incidente en la vida de un niño, pero lo dejó con miedo a las alturas. Este miedo se desarrolló y creció a medida que crecía.

Tenía una opción: mantener el miedo o dejar entrar al Señor. Oramos, pidiéndole al Señor que lo recuerde, llevándolo a la luz. Le pedimos su gracia y paz para llenar al niño y le ordenara al miedo irse. Sólo tomó un momento, el miedo se fue y las experiencias en la montaña, a partir de entonces, se volvieron emocionantes. ¡Es curioso lo simple que fue en el Señor Jesús!

7. Así Que Revisemos

Todos somos personas quebrantadas porque somos productos de personas quebrantadas: nuestros padres. Todos recibimos los efectos de estar 'en Adán'. En las Escrituras se nos dice que lleguemos a estar "en Jesús". Se nos dice que nos unamos a Él como una rama se une a un árbol, y que el Padre nos limpiará y podará. Esa vieja canción 'Oh, Qué Amigo Nos Es Cristo' hablaba de Jesús como nuestro amigo, llevando nuestros pecados y penas. Todo lo que tenemos que hacer es llevarlos a Él en oración. Cuando no lo hacemos, sufrimos un dolor innecesario. Es simple.

Aprendimos que tenemos libre albedrío y que tenemos opciones ante nosotros. Las elecciones nos afectan al ponernos bajo la luz y la influencia sanadora del Señor, o al inhibir nuestra capacidad de recibir Su amor. Los resultados de nuestras elecciones, y los pensamientos, palabras y acciones resultantes, afectan nuestro cuerpo, mente, alma y espíritu. Todos son interactivos como las líneas de una telaraña. Por lo tanto, las elecciones afectan nuestra relación con el Señor.

En cada incidente de nuestra vida, debemos elegir acercarnos a Cristo y alejarnos de la oscuridad. Hacemos esto al involucrarlo en cada incidente, cada recuerdo, cada sentimiento y cada pensamiento. A medida que Él entra en cada uno de estos incidentes o eventos, ya sea en el presente o en el pasado, Su luz nos transforma.

UN PASTEL

La imagen de un pastel casero me ayuda a entender este concepto. Imagine un pastel con piezas cortadas por un niño bien intencionado. Tenga en cuenta que son irregulares y que hay algunas piezas de buen tamaño para nosotros los golosos.

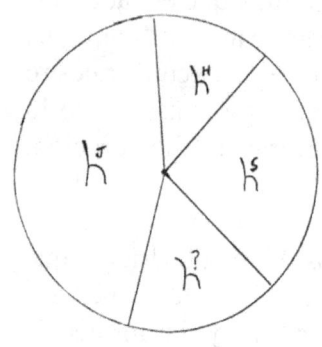

Ahora digamos que este pastel representa su relación con el Señor. En cada sección algo tiene que estar en el trono. ¿Eres tú, Dios, el dinero, el mundo o qué?

Pon a Jesús - 'J' - en el trono en la pieza más grande. Ahí es donde la mayoría de los cristianos lo tendrían. Entonces, en realidad, Jesús posee la mayoría del pastel. ¿Pero quién está en el trono en las otras piezas? Puse una "H" en el trono de una pieza. Eso podría representar un dolor que has tenido en la vida. Debido a que estábamos heridos, no recibimos lo que necesitábamos en esa parte de nuestra vida. Lo explico de esta manera: Jesús no pudo tocar completamente este incidente o evento, o no estuvo *completamente* en ese incidente o evento. Si no experimentamos amor, alegría, paz y paciencia, Frutos del Espíritu, entonces el toque sanador de Jesús fue inhibido. Por eso, nos sentimos heridos.

Mira otra sección del pastel. Puse una "S", sinónimo de "sexo". En mi vida, y estoy seguro de la vida de los demás, Jesús no siempre tuvo el control de nuestra vida sexual. Por lo tanto, Él no estaba en el trono. Tenemos que dejarlo en el trono en el presente y en el pasado. A medida que nos sana, se hará cargo de esa porción del pastel y gradualmente morderemos las áreas problemáticas.

Queremos que el Señor se apodere de toda nuestra vida y sea activo en cada porción del pastel. Entonces estaremos en unidad, y encontraremos amor, alegría, paz - Frutos del Espíritu - fluyendo a través de nosotros: cuerpo, mente, alma y espíritu. El Señor hará que nuestras personalidades sean más integradas y más completas.

Hay una Ley Espiritual que se aplica a nuestras vidas:

Ley Espiritual - Los Negativos no están Bajo la Regla de Jesús

Si encuentra que alguna parte de su vida no tiene el Fruto del Espíritu, entonces Jesús no está presente.

Pablo lo expresó de manera bastante clara en Efesios, donde nos dijo que nos quitáramos lo viejo y nos pusiéramos lo nuevo:

> [22] Con respecto a la vida que antes llevaban, se les enseñó que debían quitarse el ropaje de la vieja naturaleza, la cual está corrompida por los deseos engañosos; [23] ser renovados en la actitud de su mente; [24] y ponerse el ropaje de la nueva naturaleza, creada a imagen de Dios, en verdadera justicia y santidad.
> (Efesios 4:22-24.)

Pablo nos dice que tengamos una mente nueva, que la transformemos. Él está hablando de un proceso de superación del viejo yo – del Hombre

Viejo. A medida que avanzamos en este proceso, nos renovamos, pero no es instantáneo. En la experiencia de renacer sentimos un cambio y, a menudo, permanece con nosotros durante bastante tiempo. Pero poco a poco los viejos sentimientos, pensamientos y acciones vuelven a perseguirnos. Hay una disonancia entre las áreas donde Cristo está en el trono y las otras partes de nuestras vidas. Ahí es donde entra la sanación interna para llenar el vacío. El amor de Jesús no está atrapado en el tiempo y ni en el espacio; Él puede "renovar" nuestras mentes, nuestras heridas y nuestros cuerpos. Todo lo que tenemos que hacer es permitirle entrar en las cosas negativas de nuestras vidas.

Hay una segunda Ley Espiritual, que nos asegura que incluso el pecado más horrible, puede ser renovado por el amor del Señor:

Ley Espiritual - Dios Usa Todas las Cosas

Dios usa todas las cosas para bien, para bien de los que lo aman.

La historia de José, que fue vendido como esclavo, es un buen ejemplo de cómo Dios puede usar cualquier cosa para bien (Génesis 37+). Él repite esta promesa al menos tres veces en las Escrituras (Romanos 8:28, Is. 38:17, Génesis 50:20).

Debemos animarnos y confiar en el amor inagotable del Señor que nos transformará.

En la Parte II, el libro describirá el proceso involucrado en el *Método de Sanación de Heridas Personales: Ciclo de Cinco Pliegues.*

CRISTO ESPERA A TU PUERTA
— por W. Rainey, hacia 1883.

II Proceso

Ahora veremos un método paso a paso para curar el daño personal, llamado: *Ciclo de Cinco Pliegues*.

Paso Uno: Centrarse En Dios

El Señor vive en las alabanzas de su pueblo. (Autor desconocido)

No estoy seguro de dónde vino esa frase, pero es obvio que a medida que dirigimos nuestra atención al Señor, Él se une a nosotros de una manera especial.

[20] Mira que estoy a la puerta y llamo.
Si alguno oye mi voz y abre la puerta,
entraré, y cenaré con él, y él conmigo.
(Apocalipsis 3:20).

Recurrir a Dios es usar nuestro libre albedrío para abrirnos al Señor. Me recuerda a la imagen de Cristo parado afuera de la puerta y tocando. Si no abrimos la puerta, Él no entrará.

A menudo, en estas imágenes no hay una manija en el lado donde está parado Jesucristo. El artista insinúa que debemos abrir la puerta, que nuestra elección abre la puerta, y que Cristo espera pacientemente con los brazos extendidos y con Su amor fluyendo. Todo lo que necesitamos hacer es abrir la puerta un poco, o abrirla de par en par. Depende de nosotros elegir.

[9] »Así que yo les digo: Pidan, y se les dará; busquen, y encontrarán; llamen, y se les abrirá la puerta.» (Lucas 11:9)

Me refiero a esto repetidamente, porque preguntar, es la "clave" para la sanación personal en Cristo. Cada vez que pedimos estamos eligiendo a Dios, y por lo tanto, estamos recibiendo más, encontrando más y abriendo más. Cada uno es una experiencia de mini conversión. El primer paso que debemos tomar es enfocarnos en Dios. Oramos y lo alabamos de cualquier manera que sea natural para nosotros, y el Señor lo escuchará.

> [14] Esta es la confianza que tenemos al acercarnos a Dios: que, si pedimos conforme a su voluntad, él nos oye. [15] Y, si sabemos que Dios oye todas nuestras oraciones, podemos estar seguros de que ya tenemos lo que le hemos pedido. (1 Juan 5:14-15.)

Recuerdo un incidente en un evento juvenil de fin de semana. Era tarde en la noche, al llegar a la parte superior de un conjunto de escaleras, me encontré a un adolescente sentado con las piernas colgando de la barandilla. Tenía la cabeza baja y parecía preocupado, separado del grupo. Me acerqué a él para averiguar cómo estaba y me dijo que le dolía la cabeza. Ahora sé que los dolores de cabeza no son un problema para el Señor. Así que le pregunté si podía orar por él. El joven no había rezado antes, pero estaba muy abierto a ello. Oramos por un momento, eso fue todo lo que se necesitó – el dolor de cabeza había desaparecido. Recuerdo su emoción y su testimonio, mientras corría por el lugar contándoles a todos lo que acababa de pasar. Todo lo que se necesitaba era una cosa – ¡simplemente acudir a Dios y pedirle ayuda!

Paso Dos: Identificar un Problema o Preocupación

(a) Identificar

En este punto identificamos un problema que estamos teniendo en nuestra vida, o un problema que está interfiriendo con nuestra caminata pacífica con el Señor.

Se ha hecho evidente para mí y mis colegas que se tienen que elegir cosas pequeñas y ser lo más específico posible.

Ahora sé que el Señor puede hacer lo que quiera. Si, Él puede crearte a ti, a mí y al mundo, podría arreglar algo tan complejo como un problema matrimonial; pero no parece funcionar de esa manera. Parece que nuestro trabajo es dividir los grandes eventos en eventos más pequeños. Es como diseccionar un espécimen en Biología.

DIAGRAMA – CUÑA

Una foto aquí sería útil. Primero, piense en un matrimonio como un punto, donde dos personas se unen. Luego, a medida que avanza su matrimonio, surgen pequeños problemas y situaciones. Yo llamo a eso "basura". La basura se acumula, separando las dos líneas (personas). Termina pareciendo una cuña del pastel, con todo tipo de basura en el medio.

Ahora, la basura puede ser tan pequeña, como no resolver el problema de cómo limpiar el cepillo de dientes, o cómo apretar el tubo de la pasta dental. El problema simplemente se empaca y no se resuelve. Es sólo otra partícula de basura.

Pero tarde o temprano el bote de basura se llena y luego se vuelve abrumador.

En el proceso de resolución de problemas, es necesario ser específico y comenzar a mordisquear los problemas uno por uno. Al hacer esto, las líneas (personas) se unen, como se representa en el diagrama a continuación, titulado "Teoría Del Mordisco".

TEORÍA DEL MORDISCO

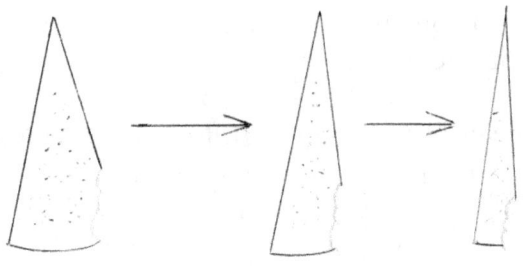

(b) Fuentes

En el proceso de identificación, queremos llegar a la raíz del problema, estamos buscando la fuente. Si puede llegar a la raíz del problema, usted y el Señor pueden solucionarlo.

TEORÍA DEL YESO

Una imagen puede ser útil aquí. Piense en una casa donde hay una grieta en los cimientos, es inevitable que la grieta atraviese la pared de yeso. Puedes parchar el yeso todo lo que quieras, pero se abrirá poco después. Para solucionar el problema de una vez por todas, debes arreglar la base. Luego, cuando arreglas el yeso, permanecerá fijo.

Los humanos no somos muy diferentes. Tenemos que volver a la lesión original (grietas), si realmente queremos curarnos.

Tendrá que usar su discreción aquí, porque a veces tiene que retroceder un paso a la vez, y otras veces puede comenzar desde la raíz y avanzar. La oración para pedir la ayuda del Espíritu Santo sería útil en este punto, para proporcionarnos Conocimiento y Sabiduría.

Una sugerencia que a menudo viene a la mente en el asesoramiento en este momento es, *"pregunte al Señor dónde experimentó por primera vez este sentimiento, emoción, pensamiento o problema"*. La fuente de muchos problemas se remonta a experiencias ya vividas, que son los cimientos sobre los que construimos nuestra vida. Cuando la experiencia fundamental es negativa, lo opuesto al amor, la alegría, la paz, la paciencia, la gentileza y el autocontrol, entonces tenemos una raíz que afectará negativamente nuestra vida.

Recuerdo una experiencia que tuve un día cuando caminaba por el centro de la ciudad para tomar un café. Escuché el sonido de un gran pedazo de plástico de un rótulo comercial, que chirría (crujía) al viento. Al instante miré por encima de mi hombro, esperando que sucediera algo. Fue una respuesta automática. Pero ¿Por qué? ¿Por qué miré hacia atrás?

Más adelante en el día, cuando tuve tiempo para reflexionar, le hice la pregunta al Señor a través de Su Espíritu Santo (Enfocarse en Dios e Identificar): ¿Por qué miré hacia atrás? Inmediatamente un recuerdo vino a mi mente. Cuando era un chico pequeño, en los huertos frutales de Okanagan de Columbia Británica, mi hermano, el tío joven y yo, estábamos construyendo una casa en el árbol en uno de los manzanos de mi abuelo.

Cuando mi abuelo vió lo que habíamos hecho, se enojó bastante y nos ordenó que lo derribáramos. Verá, las ramas de un manzano no pueden soportar mucho peso, especialmente el peso de una casa en el árbol. Entonces mi hermano, tío y yo salimos a desmontarlo. Me quedé abajo, subieron al árbol y comenzaron a quitar las tablas y los clavos. Cuando sacaron los clavos, emitieron un sonido similar al plástico en los carteles comerciales cuando sopla el viento.

¡Probablemente puedas adivinar lo que pasó! Era mi trabajo recoger las tablas que tiraron y apilarlas cuidadosamente. En un momento, me puse debajo del árbol demasiado pronto. Escuché el sonido de los clavos justo antes de ser golpeado, me agaché cuando el tablero me golpeó la cabeza, la cual comenzó a sangrar. Causando un gran revuelo en la familia, según recuerdo.

Entonces ahí está. El ruido del letrero desencadenó un recuerdo negativo, en el que estaban involucrados, el miedo y el dolor. De alguna manera resultó en un comportamiento automático, donde miraba por encima del hombro cuando escuchaba este chirrido particular; no había emociones asociadas, sólo este extraño comportamiento reflejo.

Recé, pidiéndole al Señor que conozca mi experiencia (Enfocarse en Dios), y le pedí que eliminará el miedo y el dolor (Limpieza). Luego le pedí que lo llenará con Su amor y paz (Llenar). Nunca he tenido una experiencia repetida con el sonido chirriante desde ese día.

Sin embargo, debemos recordar que todo está interconectado. Recuerde la telaraña (La Teoría de la Telaraña en la Sección I). Una lesión se une a otra, y cada evento en la vida está conectado con el siguiente. Por lo tanto, los problemas pueden volverse bastante confusos. Es importante ser lo más específico posible y tratar sólo un problema a la vez.

La forma más sencilla de lidiar con problemas interconectados es anotarlos y luego tratarlos de uno en uno.

(c) Dones del Espíritu Santo

A menudo necesitamos ayuda en el proceso de identificación, ya que puede ser confuso. A veces no recordamos cosas y nuestra mente tiene formas de confundir todo. La confusión es un problema muy común.

Hay que recordar que cada experiencia que tenemos se guarda en la memoria. En estudios psicológicos han tocado zonas en el cerebro, y diferentes áreas suscitan diferentes recuerdos. Pueden venir en color, con sonido e incluso con olor.

Me recuerda a una vez, cuando estaba caminando por la calle y escuché una canción de mis días de escuela secundaria; me recordó viejos recuerdos que había olvidado. Estoy seguro de que usted ha tenido una experiencia similar, en la que algo le trajo un recuerdo, nombres, rostros y experiencias que había olvidado por mucho tiempo.

TEORÍA DEL CUBO

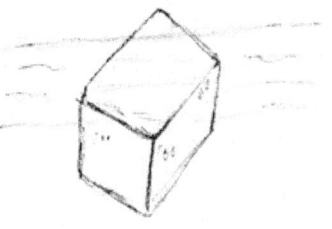

El recuerdo es como un cubo de hielo. Sólo un poco del cubo está por encima de la línea de flotación. Ese es el recuerdo consciente. Debajo de la superficie, está la parte más grande del cubo, y esa es nuestra memoria inconsciente. Es una buena imagen.

Con esta imagen y teoría en mente, es obvio que necesitamos un poco de ayuda del Señor. La fuente de la ayuda del Señor es Su Espíritu Santo, quien es nuestro Consolador, Maestro y Abogado.

Si nos fijamos en 1 Corintios 12-14, habla de los Dones del Espíritu Santo. Están ahí para preguntar. Los Dones que necesitamos, en este caso, son los Dones del Entendimiento: tanto el Conocimiento como la Sabiduría. (1 Corintios 12: 8).

Ahora el Señor contesta las oraciones y lo hace de manera bastante simple. Usted pregunta y luego escucha una respuesta. La respuesta puede venir de muchas maneras: una sola palabra, un pensamiento completo, un sentimiento, una imagen o visión. El Señor puede usar cualquier cosa y a cualquiera.

Tienes que estar abierto a los Dones del Señor. Tienes que escuchar y estar atento.

La Carta de Santiago provee la promesa; asegurándonos que Dios proporcionará la información cuando lo solicitemos.

> ⁵ Si a alguno de ustedes le falta sabiduría, pídasela a Dios, y él se la dará, pues Dios da a todos generosamente sin menospreciar a nadie. (Santiago 1:5)

El corolario es "si no pide que no reciba". Ahora, eso no es perfectamente cierto, pero la Escritura se podría escribir para decir: 'Si no pides no recibes, si no buscas no encontrarás y si no tocas, nadie responderá la puerta'.

Se vuelve emocionante mientras afinamos los Regalos y aprendemos cómo nos habla el Señor. ¡Él contesta oraciones!

Algunos libros que puede disfrutar en esta área de oración curativa se enumeran en las Lecturas Suplementarias - Apéndice "D".

(d) Los Problemas Están Interconectados

Hay otra imagen que necesita ver para comprender qué sucede con los problemas humanos. La imagen es la de un Vaso de Agua con muchos cubitos de hielo.

VASO DE AGUA Y TEORÍA DEL CUBO

En un vaso, a veces los cubitos de hielo chocan y se pegan. Lo mismo sucede con nuestros problemas. Por ejemplo, los celos pueden atribuirse a un miedo que tienes, y como resultado tienes un problema más confuso.

Nuestro trabajo en esta etapa, es identificar y separar los problemas y las cuestiones en pequeñas porciones manejables, y luego llevarlos uno por uno al Señor.

Paso Tres: Limpieza

(a) Es Simple (como todas las cosas de Dios)

Cuando notamos que algo está mal, nuestro trabajo es "hacer algo" al respecto, tenemos que tomar una decisión. La elección predica una acción, y la acción es llevarla al Señor y limpiarla con Su ayuda.

Primero, le traemos el problema en oración. Si tenemos la culpa, le pedimos perdón al Señor. Si es culpa de otra persona, los perdonamos y le pedimos al Señor que los perdone.

El perdón aquí podría aplicarse, a nosotros mismos, a los demás o incluso a Dios. Como este libro no tenía la intención de enseñar el perdón, recomiendo los libros del Padre Robert DeGrandis[8], *Perdón y Sanación Interior* o *Perdonar es Divino*.

El punto importante aquí es, que hagamos lo que sea necesario, para limpiarnos a nosotros mismos y a todos los demás que vengan a nuestra mente.

A veces es útil imaginarse la situación en su mente y pretender que está limpiando la casa. La limpieza podría ser así:

- Confesamos nuestros pecados.

- Pedimos limpieza.

- Entregamos el problema al Señor, por ejemplo, preocupación y ansiedad.

- Le pedimos al Señor que elimine cualquier cosa negativa, como ira, miedo, celos, dolor, pérdida de autoestima, pérdida de amor, venganza, pérdida de memoria, hábitos infantiles, confusión, etc.

- Renunciamos a cualquier juramento de un incidente hecho en al infancia.

- Estar atento a las decisiones tomadas que tienen los cimientos construidos sobre las heridas; generalmente son siempre dañinos. Límpielos liberándolos al Señor.

Recuerde la Ley Espiritual que se aplica:

Ley Espiritual: No Te Aferres A Las Heridas

Jesús ha tomado todas nuestras heridas y enfermedades cuando Él murió en la Cruz (Ref: Mateo 8:17, Isaías 53: 4).

A menudo, es importante realizar un contacto personal con las partes involucradas, pero recuerde usar discreción y discernimiento.

Si le resulta difícil hacer este paso usted mismo, busque un compañero de oración. También puede consultar los "12 pasos" del movimiento: Alcohólicos Anónimos. Es un excelente método de limpieza.

Otra herramienta importante en la limpieza, es la "Confesión sacramental" o "Reconciliación". Notarás que es similar al método de Alcohólicos Anónimos: "Admitir a Dios, a nosotros mismos y a otro ser humano, la naturaleza exacta de nuestros errores" (A.A. Paso 5).

(b) No dejes que los Malos Pensamientos te Coman

No es bueno detenerse en el mal y los horrores del pasado. Esta limpieza puede tomar un momento, o puede tomar días de pequeñas oraciones rápidas.

Un ejemplo de lo simple que puede ser, es así: está conduciendo por el camino y alguien lo interrumpe.

Inmediatamente te enojas y levantas el puño. Claramente tu enojo no está exhibiendo el amor de Dios o la luz de Dios por ese segundo. Entonces, ¿Qué haces? Tan pronto como note la congruencia, dice:

> "Señor, quédate conmigo", (Enfocarse en Dios).
> "Les traigo este incidente", (Identificar un Problema o Situación).
> "Lamento mi enojo, perdóname", (Limpieza).
> "Señor, dame tu amor y tu paz" (Llenar).

Entonces debes limpiar a los demás heridos en la situación:

> "El otro conductor fue herido por mi ira, límpialo Señor" (Oración de Limpieza e Intercesión). "Bendícelo Señor", (Llenar).

Si su hijo estuviera a su lado en este incidente de ira, ¿Qué les habría pasado? ¿Habrían recogido esa ira? En ese caso, el niño debe ser limpiado de su dolor, porque habrían sentido esa ira.

Finalmente, dices "Gracias Señor" (Dar Gracias Al Señor).

¿Cuánto tiempo tomó eso? Dos segundos. Es bastante fácil, como lo son todas las cosas del Señor.

Es posible que en este momento desee ver el Apéndice 'A': *Ciclo De Cinco Pliegues – Método de Sanación de Heridas Personales*. El *Ciclo De Cinco Pliegues,* se entiende como una herramienta, que puede transmitir a los demás, como parte de su alcance de sanación.

Ahora su limpieza podría ser muy larga, si se enfrenta a una situación de abuso, pero sea paciente y haga las cosas en el tiempo y la paz de Dios. No hay prisa por resolver todos sus problemas, la primera vez que se siente, esté cómodo.

(c) Espíritus y Esclavitud

A veces, sin embargo, las cosas han ido demasiado lejos, y con una simple oración no se puede liberar. Aquí es donde entra en juego la oración de liberación. El Padre Michael Scanlan y Randall Cirner tienen un buen libro[9] que cubre este tema, llamado *Deliverance From Evil Spirits (Deliberación de los Espiritus Malignos)*. El problema al tratar con los espíritus y la esclavitud, es usar el poder que el Señor Jesús te dio a ti y a Sus apóstoles, a través de su derramamiento de sangre. Atas espíritus y liberas o cortas la esclavitud en el nombre de Jesús; entonces se los das a Jesús para que los elimine como Él desee. Para obtener más información sobre este tema, puede consultar las Lecturas Suplementarias del Apéndice 'D', Sección 3. Tituladas Referencias de Liberación.

(d) Los Pensamientos Causan Sentimientos

Este concepto es importante. Los pensamientos causan sentimientos; si no tienes pensamientos, no tienes sentimientos. Por supuesto, una vez que los sentimientos comienzan a rodar, puedes saltar por todos lados, porque todo está interconectado. Recuerda la Teoría de la Telaraña.

Cuando esté identificando un problema o situación, busque una sola fuente: ¿Es un pensamiento o un recuerdo? Luego anota los sentimientos que sobresalen.

Por ejemplo: alguien te golpea.

Negativos:
- Estoy enojado
- Siento pena por mi mismo
- Estoy confundido
- Quiero desquitarme
- Siento dudas
- Fantaseo con la agresión

Limpiamos cada emoción o reacción llevándola al Señor, luego pasamos al siguiente pensamiento. Sin embargo, aquí hay una complicación: las emociones pueden unirse entre sí, al igual que los problemas. Recordarás la Teoría del Vaso de Agua y los Cubos. La solución es la misma – dividirlos y tratarlos individualmente.

Recordarás la Teoría Del Cubo. Si piensa en el miedo como un cubo de hielo, ¿Qué sucede cuando mordisquea una esquina de él? El cubo de hielo se eleva, y otra experiencia relacionada sale a la superficie.

Teoría de Mordisquear el Cubo

No se preocupe si surgen cosas nuevas en la memoria consciente, es normal. Mientras mordisqueas, te desharás de todo el cubo de hielo.

Hay otra Ley Espiritual y Promesa del Señor:

Ley Espiritual: los Problemas No Están Más Allá de tu Fuerza

Puedes confiar en que Dios no te dejará ser probado más allá de tu fuerza, y con cualquier prueba, Él te dará una salida y la fuerza para soportarlo (1 Corintios 10:13).

El Paso de Limpieza es simplemente un proceso de pedir y buscar la ayuda del Señor. Nos ha asegurado que si le pedimos, recibiremos y que podemos confiar en Él, para llevarnos a través de cualquier carga que se nos presente. Qué maravillosa garantía. Aquí hay un ejemplo, de cómo podría ser este proceso de limpieza. Ron, un amigo, entró a mi oficina un día, muy molesto. Ron había estado estudiando para un examen sobre seguros y fondos mutuos. Él dijo que "cada vez que cerraba el libro, no podía recordar nada de lo que había estudiado". Dijo que estaba "tan frustrado y listo para rendirse".

Seguimos el procedimiento del *Ciclo de Cinco Pliegues,* se entiende como una herramienta que puede transmitir a los demás, como parte de su alcance de sanación. Primero oramos, implorándole al Señor que entrará y pidiéndole Su guía (Enfocarse en Dios). Le pedí a Ron que se concentrará profundamente en lo que sentía cuando pensaba en sus exámenes, y que pidiera la ayuda del Espíritu Santo, para saber, cuándo había experimentado ese sentimiento antes (Identificar un Problema o Situación).

Con sólo un momento de reflexión, Ron recordó un momento en que era un adolescente, que llegaba a casa con su boleta de calificaciones. Encontró a su padre en el patio trasero y le mostró la tarjeta. Su padre la leyó y dijo: "nunca lo lograrás".

Algunos consejeros cristianos llaman a esto una maldición. El papel de un padre es bendecir, sacar a su hijo de los brazos de la madre, alentarlo a ponerse de pie, caminar y estar seguro y confiado. Este padre no había bendecido, pero sí, puso grilletes de desánimo al decir que "nunca lo lograrás" y que no puedes.

Ron recuerda haber sido aplastado y tumbado contra el gran árbol del medio del patio. Su mente estaba fija, su curso estaba establecido, él nunca podría tener éxito. ¡Era inútil!

Llevamos estas creencias negativas y falsas a Jesús en la cruz (Limpieza). Se los dimos a Jesús y perdonamos al padre de Ron, y le pedimos que fuera bendecido. Le pedimos al Señor que reemplace el sentimiento de incapacidad con la verdadera habilidad de Ron (Llenar). Oramos para bendecir su mente, su memoria y su recuerdo bajo el estrés de los exámenes. Oramos para bendecir su habilidad para leer, estudiar y recordar. ¡Ron aprobó el examen!

A través de la oración intercesora, utilizamos el mismo proceso de limpieza para limpiar y sanar a los demás en nuestra historia, en este caso el padre de Ron.

La escritura que se puede aplicar aquí es de Mateo 5: 13-16, que habla de que cada uno de nosotros somos "Sal y Luz" en el mundo:

> [13] Ustedes son la sal de la tierra. Pero, si la sal se vuelve insípida, ¿cómo recobrará su sabor? Ya no sirve para nada, sino para que la gente la deseche y la pisotee.
>
> [14] Ustedes son la luz del mundo. Una ciudad en lo alto de una colina no puede esconderse. [15] Ni se enciende una lámpara para cubrirla con un cajón. Por el contrario, se pone en la repisa para que alumbre a todos los que están en la casa. [16] Hagan brillar su luz delante de todos, para que ellos puedan ver las buenas obras de ustedes y alaben al Padre que está en el cielo. (Mateo 5:13-16)

Las mismas promesas mencionadas anteriormente (Lucas 11: 9 y 1 Juan 5: 14-15), pueden aplicarse a las vidas de las personas que nos rodean. Como en la historia de Ron, donde oramos por su padre, es nuestra responsabilidad ser la luz y la sal del mundo. En este caso, cambiamos una experiencia negativa para volverla positiva, intercediendo por el padre de Ron, pidiéndole perdón y sanación al padre y la relación paterna.

Al interceder por los demás, difundimos esta luz y sal al mundo que nos rodea. ¡Se sorprenderá de cómo sus pequeñas oraciones aparentemente simples para las personas que lo rodean afectan su ira, su miedo, su culpa y demás!

Recuerdo haber estado con un niño que tenía problemas para leer las situaciones que lo rodeaban y, como resultado, eso le causó dificultades en el patio de recreo porque acaparó la pelota y no compartió. Fuimos a un centro comercial y señalé problemas obvios con las personas que nos rodeaban, y luego hicimos una oración intercesora por la situación. La idea era enseñarle a leer situaciones y discernir a otros.

Ese día había una madre sentada en la cafetería con dos niños; obviamente estaba deprimida. Comenzamos a orar por la madre, pidiéndole que le quitara la depresión y bendiciéramos a los niños, que tenían demasiada energía para alguien en esa condición. En sólo un par de minutos, alguien se acercó a ella y comenzó a hablar con ella, fue como si llegara la luz de Dios. La cara de la madre se iluminó y había paz a su alrededor y a los niños. La oración fue respondida!

En pena o regocijo, miedo o acción de gracias, culpa o incertidumbre, siempre somos bienvenidos a recurrir a nuestro Padre.

Paso Cuatro: Llenando

(a) Es Hora De Llenar

En el Paso 3, hablamos sobre la limpieza como si estuviera limpiando la casa. Una vez que haya terminado de limpiar el problema, es importante que lo resuelva. Es como cuando evitas que un niño pequeño toque una estufa caliente – redirige o le das algo para reemplazar ese interés negativo, como un caramelo un juguete. Al llenar, estamos reemplazando las cosas negativas por positivas, con la ayuda del Señor. En el mundo del Espíritu Santo, los aspectos positivos son el fruto que se encuentra en Gálatas:

> [22] En cambio, el fruto del Espíritu es amor, alegría, paz, paciencia, amabilidad, bondad, fidelidad, [23] humildad y dominio propio. No hay ley que condene estas cosas.
> (Gálatas 5:22-23).

Por ejemplo, si hemos limpiado el miedo, le pedimos al Señor su amor. Si hemos limpiado la culpa, le pedimos al Señor que la reemplace con buenos sentimientos sobre nosotros mismos.

- Dudar por seguridad y certeza.
- Confusión por comprensión y confianza.
- Falta de confianza por confianza.
- Ira por perdón y amor.

Sólo usa tu imaginación, recordando que el Señor quiere lo mejor para nosotros y quiere que estemos completos, porque ha prometido darnos todas las cosas:

> [7] Si permanecen en mí y mis palabras permanecen en ustedes, pidan lo que quieran, y se les concederá. (Juan 15:7)

> [2] SEÑOR mi Dios, te pedí ayuda y me sanaste. (Salmos 30:2)

(b) No Olvides A Los Demás

Cuando te estabas limpiando, también limpiabas a los demás en la situación. Entonces, cuando te llenes, debes llenar a los demás. Esto se llama "oración intercesora". Tú como intercesor; reza por su bendición, así como por la tuya. Encontrarás que las oraciones son respondidas.

Mi hermano siempre dice que la oración de los miembros de la familia es poderosa. Por lo tanto, pruebe esto – haga que un niño ore por su padre o que un esposo ore por su esposa. Es emocionante, y el Señor bendecirá tu oración.

(c) Pidiendo

Subyacente al proceso de llenado está la necesidad de que le pidas al Señor. "Pregunte y recibirá". ¿Has notado cuántas veces el Señor te dijo que preguntaras?

Aquí hay algunas referencias:
> Mateo 7: 7
> Mateo 18:19
> San Marcos 11:24
> Lucas 11: 9
> Juan 14:13
> Juan 15: 7
> Santiago 4: 2 - 3
> 1 Juan 3:22
> 1 Juan 5:14

Después de tantas sugerencias, pensaría que recibiríamos el mensaje. Es como si nos hubiera dado un decimotercer mandamiento: "pide al Señor tu Dios, a quien le encantaría darte".

(d) Advertencia

Si limpia el problema o la situación y no hace nada para reemplazarlos con positivos (bendiciones), existe una alta probabilidad de que pueda volver a las mismas viejas rutinas.

Uno debe llenar el lugar que ha sido limpiado con las cosas buenas de Dios, a través de Su Espíritu Santo.

En situaciones graves, el proceso de llenado no es un evento único. A medida que llenamos un evento, nuestra memoria trae a nuestra mente un problema relacionado y continuamos hasta que estemos claros. Cuando identificamos problemas o serias situaciones, debemos llenarlas continuamente a través de la oración y las Escrituras. He usado un sistema durante muchos años llamado "Escritura como medicina", una enseñanza del Padre John Hampsch.[10] Debido a que es un método muy efectivo, lo adjunto como Apéndice E. Describe cómo usar las promesas de las Escrituras.

Si no nos llenamos, no tendremos la limpieza ni podremos resistir la tentación, ni los ataques espirituales que nos bombardearán en los días siguientes.

Debemos recordar que estamos en una batalla espiritual y que la única forma de ganar es mantener nuestra armadura en buen estado. (Efesios 6:10 ff.).

(e) Tu Y Yo Tenemos Fugas

Me gusta imaginarme a mí mismo como un Tamiz Humano, básicamente todo con fuga. Debido a que tenemos fugas, tenemos que seguir rellenando el fluido bendecido. ¿Como hacemos eso? No podemos obtenerlo sólo por nuestros esfuerzos, sino sólo por la gracia de Dios. Debemos preguntar continuamente, debemos participar en los Sacramentos y asistir a la Iglesia, debemos orar y adorar, y debemos leer la Palabra y aplicarla en nuestra vida. Comunión es una "Estación de Llenado de Alto Octanaje" en el proceso de llenado.

Mientras hacemos estas cosas, el Señor continuará reponiendo el fluido bendito.

Una historia podría ayudar a explicar esta idea del Tamiz Humano. Recuerdo un día cuando me dirigía al centro para reunirme con unos amigos para tomar un café. Uno de los padres del grupo de jóvenes había hecho algunos diseños de camisetas para mí, y yo llevaba los diseños para mostrar a la gente, lo que se había creado para los jóvenes. Eran camisetas hechas a mano, con diseños bordados y había suficientes para cada uno de los jóvenes.

Entré en la cafetería y me senté con las damas; una señora llamada Aleciah, llevó una de las camisetas a la habitación contigua para mostrarla a algunos de sus amigos. Cuando regresó, no tenía la camiseta y me dijo que la había vendido. Estaba loco. ¡Muy enojado! Agarré el montón de muestras y salí del lugar, dirigiéndome a misa en una Iglesia Católica cercana.

Estaba de rodillas orando en la iglesia, esperando que comenzara la misa, cuando un amigo, Gerben, se acercó y dijo que vio un agujero justo en el medio de mi espalda. Cuando tocó el lugar, me estremecí de dolor, me dolió mucho. Supe de inmediato qué era: estaba enojado con Aleciah por la venta de la camiseta, y estaba alojado en mi espalda.

Ahora recordarás que dije, somos como tamices humanos. Había dejado que la ira se apoderará y había perdido la bendición; estaba goteando y tenía un agujero en mi armadura espiritual. Usualmente piensas en estos agujeros como más simbólicos, pero este era un agujero que cuando lo tocabas, dolía físicamente – mucho.

Para sanarlo y llenarlo, le pedí perdón a Dios, perdoné a Aleciah, y luego fui a la comunión, ofreciendo el pecado (Limpieza). Cuando recibí la comunión, el pan de vida (Juan 6: 32-35), le pedí a Dios que llenará el lugar (Llenar). Cuando llegué a mi asiento, el dolor se había ido. Sólo para asegurarme de que estaba completamente curado, le pedí a mi amigo que verificara si el agujero aún era visible, y él dijo que no. Él tiene un don maravilloso, el don del conocimiento, poder ver la cobertura espiritual que rodea a las personas; podríamos llamarlo un aura.

TAMIZ HUMANO

Paso Cinco: Dar Gracias Al Señor

Las Escrituras nos han dicho que cuando nos enfocamos en nuestros problemas, comienzan a nublarnos; las Escrituras también nos han dicho que, debemos apartar la vista de nuestros problemas y centrarnos en el Señor.

> ⁶ No se inquieten por nada; más bien, en toda ocasión, con oración y ruego, presenten sus peticiones a Dios y denle gracias. ⁷ Y la paz de Dios, que sobrepasa todo entendimiento, cuidará sus corazones y sus pensamientos en Cristo Jesús. (Filipenses 4:6-7)

A medida que avanza en el proceso, sentirás y notarás los cambios. No te olvides de agradecerle al Señor; le agradeces en tus palabras y en tu alabanza.

El Ciclo de Cinco Pliegues ahora nos ha llevado de regreso a donde comenzamos, con Dios. El Ciclo de Cinco Pliegues es una teoría de sistemas[11], completa en, y a través del Señor. Recuerde la Escritura que nos describe como ramas injertadas a Jesús y al Padre como podadoras y limpiadoras:

> » ¹Yo soy la vid verdadera, y mi Padre es el labrador. ² Toda rama que en mí no da fruto, la corta; pero toda rama que da fruto la poda para que dé más fruto todavía. (Juan 15:1-2)

Es un proceso muy simple y se adapta fácilmente a los métodos ordinarios de oración. El proceso es muy simple: atraes tu atención al Señor, pides la ayuda del Espíritu Santo para identificar el problema o situación, lo limpias con la ayuda del Señor, lo llenas de bendiciones del Señor y finalmente le das gracias al Señor.

Ahora veremos ejemplos de historias reales para ver cómo se puede utilizar el proceso en la práctica.

II. Instrucciones

1. ¿Cuándo usas este Método?

Se ha encontrado que este método es útil en muchas áreas de sanación: sanación de recuerdos, sanación de emociones, sanación de miedos y ansiedad, sanación de la propia imagen, oración de liberación y depresión, sólo por nombrar algunas.

Cada vez que esté buscando recibir algo del Señor, puede usar este método.

Me gustaría describir su uso de esta manera:
Cada vez que veas algo negativo, ya sea en pensamiento, memoria, emoción o evento, tu trabajo es ir al Señor y pedir la bendición opuesta. Puedes imaginarlo de esta manera:

NEGATIVOS A LOS POSITIVOS A TRAVÉS DE LA CRUZ

CUANDO VES UN NEGATIVO

PREGUNTE AL SEÑOR EN

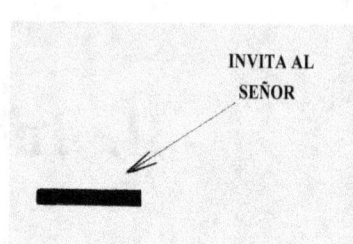

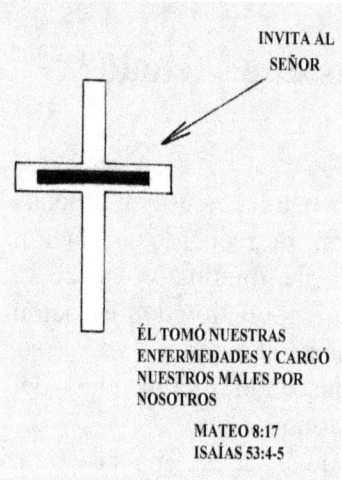

LO NEGATIVO LO TRAEMOS A JESÚS A TRAVÉS DE LA CRUZ

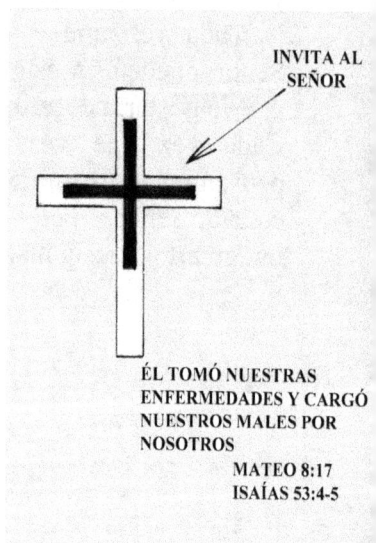

PEDIMOS LO POSITIVO: - LO OPUESTO QUE ES ALGO BUENO

Puede consultar el Apéndice "C", para obtener otra explicación de lo negativo a lo positivo a través de la Cruz de Jesús.

2. Veamos la Depresión

Alrededor de 1985 comencé a entrenar a personas, que decían que estaban deprimidas, en *Ciclo de Cinco Pliegues – Método de Sanación de Heridas Personales*.

Aprendí a ver la depresión en estos términos: cuando estamos heridos, hay tres reacciones negativas. Aprendí que si le enseñé a la gente a hacer estos sencillos pasos de limpieza de la casa, la depresión se iría.

Hay tres reacciones cuando nos lastimamos: ira, culpa y depresión. La ira se enfoca hacia afuera, la culpa se enfoca hacia adentro y la depresión es el síntoma de que los dos causan estragos en la persona y su cuerpo.

A mi hermano se le ocurrió el siguiente diagrama para representar la relación entre ellos: las dos patas del taburete. Él llama a nuestra ira y culpa un hongo, o taburete de sapo. El asiento / parte superior depende de las patas que lo sostienen. El asiento / parte superior es depresión.

Ira, Culpa y Depresión

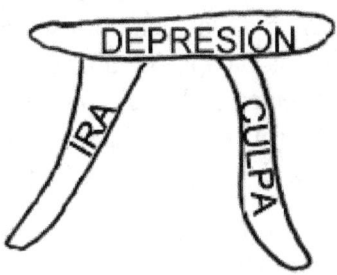

(a) Ira (Falta de Perdón)

La ira es una reacción a ser herido. Cuando nos enfrentamos a una situación negativa, nos enojamos, nos amargamos, nos resentimos y cosas así. Podemos reprimir la ira y el dolor, pero no lo olvidamos. Nos hemos alejado de la luz de Dios (por elección) y nos hemos mudado a la oscuridad. No hemos perdonado; nuestro dedo índice señala y estamos juzgando a alguien culpable. No dejamos que otros se salgan del gancho.

Ahora no me malinterpreten – no estoy tratando de decir que estas personas que nos hicieron daño no se equivocaron; no estoy tratando de decir que las personas que nos hicieron daño no pecaron. El problema es que vamos en contra de la Ley de Dios.

(b) Culpa

La culpa es básicamente cargar peso sobre nuestros hombros; es no perdonarse a uno mismo. Es la preocupación, la autocompasión, la incertidumbre, la ansiedad y la tensión que resultan de esto. Es tomar ira y lastimarnos a nosotros mismos; el dedo índice en este caso nos está apuntando. No nos libramos del anzuelo.

Me gusta pensar que la culpa es ponerse una capa. Tenemos la imagen de la capa de José como la capa de muchos colores; la capa de culpa es más como un peso pesado. Bloquea la luz de Dios y nos agobia. Nos presiona, debilita nuestra fuerza y nubla nuestra mente. (Efesios 4: 17+, 1 Corintios 2: 14 e Isaías 59: 2).

Es la opresión del mal.

(c) Depresión

La depresión en su forma más simple, es la combinación de la ira y de la culpa. Las dos trabajan juntas, girando juntas para llevarnos hacia las profundidades de la depresión.

No puedes hacer nada sobre la depresión porque es un síntoma. Sólo puedes trabajar en la ira, la culpa y la falta de perdón. A medida que limpia cada incidente de falta de perdón y culpa, la depresión se alivia.

El desafío entonces es tomar cada pequeño incidente o memoria y trabajarlo a través del *Ciclo de Cinco Pliegues*.[12] Cada incidente o memoria se usa como una experiencia de mini conversión. Se lo llevamos al Señor, se lo damos, nos adherimos a Su voluntad y le pedimos Sus instrucciones y bendiciones. Gradualmente, toda nuestra vida queda bajo el escrutinio del Señor y Su sanación; el Señor cura las grietas y va podando y limpiando cada pequeña rama.

Cuando termina, incluso nuestros problemas se transforman[13] en bendiciones.

3. La Historia de Mary

Mary es una bella dama que conocí hace unos años; en ese momento ella estaba muy deprimida y suicida. Entró en mi oficina un día inesperado y lloró y lloró. Mary había estado bajo mucha tensión y sentía que nadie la estaba escuchando. Había resultado herida en un accidente automovilístico, y desde entonces iba de un médico a otro. Tomó una multitud de píldoras e intentó cualquier tratamiento que pudo encontrar, pero nada parecía estar funcionando.

Entramos en oración y colocamos el problema en la mano del Señor, pidiéndole ayuda al Espíritu Santo (Enfocarse en Dios e Identificar). Mary lloró al volver a contar las muchas historias de dolor que tenía dentro. Al sacar cada una de ellas, oramos por la sanación del Señor y los liberamos (Limpieza y Llenar). Fue maravilloso sentir que la presión disminuía con cada lágrima que caía sobre su blusa. A medida que cada peso caía de su capa, se sentía mejor. Pasaron veinte minutos y la dejaron sonriendo.

Sin embargo, pasó poco tiempo antes de que Mary regresará; simplemente no podía hacerlo ella misma. Había pesadez en ella y le pregunté al Señor qué era. El conocimiento que me dio fue una palabra: ataúd; me guardé esto para mí (Uso de los Dones del Espíritu Santo). Ella comenzó a decirme qué estaba sintiendo y cómo había comenzado una dieta intensiva para perder peso. Ella lloró y lloró, y mi corazón se rompió. Me preguntó si sabía por qué estaba haciendo esto, y le dije que sí. Sentí que tenía que demostrarle el poder del Señor, así que no le di la respuesta a la pregunta. Escribí la palabra que había escuchado del Señor en un papel; le dije que me dijera su respuesta, y luego le mostraría el papel. Después de un tiempo de cobertura, ella me dijo que se iba a suicidar y que estaba perdiendo peso para caber en el ataúd. Luego le mostré el trozo de papel. Lloró y lloró, sabiendo que el

Señor le había mostrado un milagro. Oramos por la liberación y que el Señor la sanara. Repasamos varios de los temas por los que habíamos orado la vez anterior, y Mary se fue algo aliviada.

Mary y yo tuvimos otro milagro algunas semanas después. Nada estaba cambiando y ella estaba en mal estado. No podía subir y bajar las escaleras del sótano, no había cocinado en años, tenía pérdida de memoria, a menudo no podía pensar ni planificar, y dormía todo el tiempo y estaba deprimida. Oramos y le pedimos al Señor que nos ayudara a través del Espíritu Santo (Enfocarse en Dios). El Señor me recordó el accidente automovilístico (Identificar), y se me solicitó preguntar qué parte de su columna vertebral resultó herida. Cuando ella me dijo, fui a buscar una tabla de alineación de la columna y comparé los efectos de la desalineación. Ella tenía todos los síntomas. Sabía que había intentado todo y que era reacia a ir a más médicos, pero tuve que preguntar de todos modos. Le pregunté si vería un quiropráctico para su cuello, y ella estuvo de acuerdo. Al día siguiente fue a su primer tratamiento. Ese día fue la primera vez que preparó una comida en años; era la primera vez que subía y bajaba las escaleras del sótano en años. Ella se sintió genial, y vaya si me enteré.

Es maravilloso cuando el Señor hace cosas así por su pueblo. Fue un proceso simple de preguntar y escuchar, y actuar sobre las respuestas. El Perdón fue clave. La liberación de la ira y la culpa era esencial.

4. La Historia de Kora Lynne

Esta es otra historia sobre un milagro de la sanación del Señor. La historia de Kora Lynne es probablemente mi favorita, porque fue muy simple cómo el Señor respondió nuestras oraciones. Mostró – o debería decir, que el Señor me mostró – que pedir es algo tan simple de hacer, pero que no lo hacemos. Casi parece *demasiado* simple. Queremos cosas más complicadas. Yo siempre he querido un rayo, para no perder lo que el Señor está diciendo.

Kora Lynne llegó un día, junto con sus padres. Estaban al límite de sus emociones. Estaba muy deprimida y había intentado suicidarse. El psiquiatra le había recetado medicamentos, pero sólo estaban amplificando el problema. Kora Lynne se había mudado a Alberta porque las cosas no le estaban funcionando en el Este de Canadá; ella tenía un esposo y un hijo pequeño de tres años de edad.

Durante la primera entrevista, simplemente recolecté información de antecedentes sobre familiares, amigos, sus padres y sus hermanos. Lo que sobresalió en la conversación fue su miedo y lo que descubrimos qué era la fuente de su miedo. Le pregunté qué recordaba de sus temores, y ella me contó una historia sobre una pesadilla y los incidentes que la rodearon. El miedo era un tema central para Kora Lynne. Un ejemplo de su miedo era su incapacidad para ir a cualquier parte sola. Si estaba en un restaurante y alguien se reía en el camino, sentía que se reían de ella.

Sólo la vi cuatro veces. La segunda vez oramos por unos 20 minutos (Enfocarse en Dios). Le pedí que me recordara el incidente de la pesadilla, y mientras lo hacía, le pedimos al Señor que lo limpiara y lo llenara

(Limpieza y Llenar). Según recuerdo, se vio en su cama y vio una cara aterradora. Ella dijo que era muy real y que era el diablo.

Se despertó asustada, y fue a la habitación de sus padres con el deseo de meterse en la cama con ellos. Cuando llegó allí, sin embargo, la callaron y la enviaron de vuelta a la cama. Quería meterse entre ellos, pero nunca lo logró, y terminó pasando la noche en el sofá de la sala de estar. ¿Te imaginas a una niña de ocho años, asustada, sola y con una imaginación activa? Se asustó de la oscuridad en esa habitación esa noche.

Terminó con tres problemas esa noche (Identificar un Problema o Situación). Primero, estaba el miedo original del sueño. En segundo lugar, hubo rechazo de sus padres. Era una niña que quería el amor de sus padres cuando estaba asustada, pero no le dieron lo que necesitaba. Finalmente, asustada y rechazada, recogió el miedo a la oscuridad. Habíamos encontrado los problemas principales, con la ayuda del Señor; estos eran fundamentales para sus problemas actuales.

Luego, rezamos durante cada parte de la noche: su pesadilla, el incidente en la habitación de sus padres y el tiempo en el sofá. Cuando le pedimos al Señor que tocara cada cosa negativa en las experiencias, ambos comenzamos a notar cambios (Limpieza y Llenar).

Recuerdo mejor la escena de la habitación de los padres. Cuando Kora Lynne lo trajo a la memoria, pude sentir el miedo ondular el vello de mis brazos. ¿Alguna vez has notado que cuando alguien tiene miedo o está enojado contigo, puedes sentir sus sentimientos? Bueno, definitivamente podía ese día.

Cuando las personas tienen problemas para creerme, les pregunto si, pueden saber cuándo alguien de la familia no es él mismo. No tienen que preguntarles "¿Cómo estás?". Simplemente sabrás automáticamente cuándo entran en la habitación. Puedes saber cuándo alguien está feliz o cuándo alguien está enojado o triste. Entonces, cuando Kora Lynne sintió el miedo en su memoria, yo también pude sentirlo. Fue poderosamente fuerte. Comenzamos a orar y pedirle al Señor que elimine el miedo y el rechazo (Limpieza). Le pedimos que perdonara a los padres, y me aseguré de que Kora Lynne no se aferrara a ningún resentimiento. Ella no lo estaba. Luego le pedimos al Señor que la llenara de amor y la conectara con sus padres, con pequeños cordones de amor (Llenar). En mi imaginación, los cordones habrían sido como cordones umbilicales. Fue entonces cuando noté que el miedo había desaparecido.

Le pregunté a Kora Lynne qué estaba pasando y ella describió la imagen que estaba viendo. Algunas personas ven fotos, pero no es necesario. Cualquier forma en que el Señor trabaje está bien; simplemente déjelo hacer el trabajo de sanación de la forma que quiera. Kora Lynne se vio arrodillada a los pies de la cama y había una sonrisa en su rostro. El miedo había desaparecido y sabía que el Señor lo había hecho. ¿Estaba yo alguna vez emocionado?

Me di cuenta de que habíamos encontrado una fuente importante, y que el Señor nos la había mostrado y la había curado. Sentí que debíamos seguir y d etener el miedo a la oscuridad, así que pasamos por lo mismo. Kora Lynne sacó el recuerdo de sí misma en el sofá; el miedo había vuelto, pero no tan fuerte. Luego oramos, pidiéndole al Señor que lo limpie y lo llene. Eso fue todo. Veinte minutos. Kora Lynne se fue y supe que había recibido una sanación poderosa.

La vi dos veces más después de eso, sólo para registrarme y asegurarme de que usara el sistema del *Ciclo de Cinco Pliegues*. La tercera vez que me vio, entró sola, acababa de salir de compras ella sola; era una persona cambiada. ¿Es eso un milagro? ¡Kora Lynne cree que sí! (Ella Da Gracias Al Señor).

Aunque son milagros, a partir de estas historias se puede ver con qué facilidad funciona el *Ciclo de Cinco Pliegues*. Te abres al Señor en oración, pides la ayuda del Espíritu Santo y escuchas instrucciones y percepciones. Le pides al Señor que limpie lo negativo y llene a las personas involucradas con lo positivo. El Señor será fiel. Es un proceso, pero a medida que sigues tocando cosas, se despegan y gradualmente ocurre la sanación completa. Sé paciente y persistente.

5. ¿Qué pasa con los Problemas Sexuales?

He usado el *Cinco Ciclos Plegables* en una serie de cuestiones sexuales: abuso, homosexualidad, exhibicionismo, abuso de incesto y más. Parece que el canal para la sanación del Señor llega a nosotros al encontrar la fuente de los problemas[14]. Las

Escrituras lo ponen en una imagen para nosotros:

> ¹⁵ Asegúrense de que nadie deje de alcanzar la gracia de Dios; de que ninguna raíz amarga brote y cause dificultades y corrompa a muchos;
> (Hebreos 12:15)

Las Escrituras dicen que la raíz de la amargura no debe afianzarse; ¿Pero cuál es la raíz de la amargura? Es la ira, el miedo, el no obtener el amor de la manera correcta, la soledad, la culpa, la tristeza, el abuso, el trauma, la timidez, la humillación y la falta de afirmación. He descubierto que la raíz puede ser cualquier evento individual o una combinación de eventos. Cuando la raíz de la amargura se afianza, no estamos experimentando el amor de Dios y el fruto del Espíritu no está presente ni activo. Me gusta decir que Jesús no está allí en ese momento, o al menos no tanto como podría estar. Cuando lo dejamos entrar, transforma la amargura en bendiciones.

a) El Homosexual

Aquí está la historia de Jim, que comenzó a preguntarse acerca de su identidad homosexual, y se sintió perturbado por los numerosos conflictos sociales que planteaba. La imagen compuesta de su homosexualidad se describe así: Jim se sintió atraído por los hombres, particularmente por los jóvenes deportistas de unos veinte años más jóvenes que él. Jim era un ciudadano maduro y un hombre de negocios exitoso. Los jóvenes con los que se relacionaba eran maduros y responsables también. De hecho, nadie tendría ninguna inclinación a ser homosexual; ambos estaban satisfechos con su situación hasta que el Espíritu Santo tocó a Jim – entonces las raíces de la amargura se hicieron evidentes. A través de la oración, Jim encontró la raíz: la soledad en sus primeros años escolares. En el mismo período de la infancia fue hospitalizado por una hernia e hidrocele (agua en el escroto). La combinación lleva a que la amargura se arraigue –lo llamo, estar "atascado". La soledad lo hizo quedarse atrapado, obsesionado a esa edad de la infancia y con un interés en los hombres más jóvenes. Nunca había llenado esta necesidad. La enfermedad y la operación lo ataron al interés propio y a una fijación fálica (a lo masculino).

¿Cuáles fueron las raíces de la amargura en el caso de Jim? Eran la soledad de la infancia, la necesidad de compañía masculina juvenil – que podría describirse como una fijación en los hombres inmaduros – y un interés fálico. Recordará el diagrama del "Vaso de Agua y de la Teoría del Cubo", donde una serie de cuestiones (raíces, en este caso), están unidas y se mueven como una sola. Nuestro trabajo en esta etapa es identificar y separar los problemas y las cuestiones en pequeñas porciones manejables, y luego llevarlos uno por uno al Señor.

A través de la oración, el Señor curó gradualmente al "niño pequeño" de Jim con amor, para reemplazar la soledad (Limpieza y Llenar). Fue un proceso que permitió la sanación del Señor, en cada uno de los recuerdos y emociones de Jim, mordisqueando gradualmente los múltiples problemas que conducen a la orientación e identidad homosexual; la sanación del Señor también se aplicó a la atracción por los hombres jóvenes. Esto llevó más tiempo de sanación.

La sanación y la transformación comenzaron al darse cuenta de que, el estilo de vida y los comportamientos no eran satisfactorios para Jim, que la integridad y la sanación significaban vivir una vida heterosexual. Tomó cuatro años de trabajo curar las complejidades; significaba ignorar los muchos y pequeños problemas que bloqueaban la luz del Señor, de los muchos pensamientos, intereses, elecciones y comportamientos homosexuales.[15]

b) El Niño Abusado

Un día recibí una llamada angustiada de una joven madre de un hermoso niño de cinco años. Ella no había podido obtener ayuda para su pequeño hijo, a quien descubrió que había sido abusado, por un niño mayor en la guardería.

Jess, de cinco años, fue descrito por su madre como un niño gentil que siempre sonreía y era extremadamente amable. Su hermoso niño se había convertido en un monstruo: siempre enojado, peleando, de mal humor y tirando de los pantalones de los niños en el patio de la escuela.

Al principio no sabían lo que había sucedido – Jess no hablaba. Vieron el cambio de comportamiento, pero no tenían idea de lo que había sucedido. Un fin de semana estaba en la casa de su abuelo con su primo de tres años. El abuelo subió las escaleras para ver qué estaban haciendo los niños y encontró al niño de cinco años, encima del niño de tres años, tratando de realizar un acto sexual. El abuelo explotó y gritó; la madre dijo que no era una linda escena. De este incidente pudieron averiguar lo que le había sucedido a Jess: un joven varón de trece años había llevado a Jess abajo y lo había abusado a la fuerza. El Bienestar Infantil fue reservado e iba a esperar cuatro o cinco semanas para recibir asesoramiento.

Los padres entraron con su hijo. Jess se sentó en el regazo de su padre y su madre estaba cerca. Al ver que Jess no era muy verbal, los padres y yo oramos (Enfocarse en Dios). Intentamos averiguar qué había sucedido en detalle (Identificar). Los padres eran muy intuitivos y podían imaginar casi todos los detalles – desde la fuerza que se usaba para bajarlo por las escaleras, hasta que su hijo estaba detenido en una alfombra con las manos extendidas y sentía el dolor del abuso (Uso de los Dones del Espíritu Santo).

Oramos por cada incidente cuando salieron a la luz (Limpieza). Oramos para que el Señor quitara el miedo y la aprensión cuando el niño bajaba las escaleras y entraba al sótano. Oramos para que el Señor perdonara al niño de trece años que lo había molestado. Le preguntamos al Señor por qué el niño lastimó a su hijo, y fue evidente para todos nosotros que había sido lastimado de niño y sodomizado. Le pedimos al Señor que viniera a su vida y lo sanara también. Oramos por el dolor físico y el dolor de Jess. Los padres lo perdonaron. Oramos para que los sentimientos de esclavitud (ser retenido por la fuerza) se fueran; y pasamos por el incidente en detalle (Limpieza y Llenar).

Sentí una señal del Señor de que el niño debería estar involucrado. Le preguntamos a Jess qué le diría al chico si estuviera sentado frente a él. Levantó su dedo y lo agitó hacia la silla vacía diciendo: "no deberías haberme lastimado". Era lindo, pero era por el propio dolor del niño. Luego le pregunté si perdonaba al niño mayor, y sin dudarlo dijo "sí". Dijimos una oración de agradecimiento (Dar Gracias Al Señor).

Eso fue todo lo que hicimos en oración. El Señor respondió a nuestras oraciones con excelentes resultados. La madre informó que al día siguiente su comportamiento había cambiado, y una semana después todavía estaba estable. La madre estaba preocupada por un interés excesivo en asuntos sexuales. Aunque el problema había sido curado por el Señor, el niño había quedado con un interés más allá de sus años. Le aconsejé a la madre que le contara los hechos cuando hacia preguntas. Todo lo que había sucedido era que se había abierto un área de conocimiento antes de lo normal. No es un problema, siempre y cuando se trate con madurez y no con aprensión y miedo. La madre entendió. Un año después se mantuvo bien.

6. Lidiando con Sentimientos, Emociones o Presiones

La historia que me viene es de una dama de más de cincuenta años; nunca he podido rastrear quién era o dónde vive. Cuento esta historia porque he escuchado un número similar en todo mi trabajo. Tendrá que ser una mezcla, porque el permiso para compartirlo no es posible. La llamaré Trina.

Trina era una bella dama. Ella era madura, espiritual, exitosa y ocupada. Trina tenía todo desde un punto de vista mundano; ella tenía una casa pagada, hijos criados bien, con un buen trabajo, y tenía el amor del Señor en su vida. Entonces, ¿por qué iría a un consejero, me preguntaba? Trina lo tenía todo; ella se veía y parecía estar bien. Pero había un pequeño problema persistente que ella nunca había resuelto, y la llevó a la distracción, y eventualmente a mí. Ella lo expresó de esta manera: "Tengo todo y debería estar feliz, pero tengo este problema. Tengo la sensación de que me invade, que cuando realmente necesite a alguien, ¡no habrá nadie allí! "

Era un problema grave y le robó la paz. Ella estaba avanzando en su vida y el mundo estaba bien, cuando de repente este sentimiento se apoderaba de ella para robarle la paz del Señor. Oramos (Enfocarse en Dios).

Le pedimos al Señor una idea y nos la dio (Identificar). Llegó en dos números simples: "cinco" y "tres" (Don del Conocimiento a través del Espíritu Santo). Sabía por experiencia que esto significaba edades. Oramos para que el Espíritu Santo le diera a Trina los recuerdos que estaban unidos.

El primer recuerdo fue fácil. Recordó que su hermana iba a nacer y su gente tuvo que llevar a su madre al hospital. Le dijeron que tendría que quedarse en casa y que volverían, y que no se preocupara. Ella se quedó sola. Ahora no sé si deberías dejar sólo a un niño de cinco años; yo no lo haría. Pues a ella, la dejaron.

Ella recuerda caminar por la casa y subir las escaleras. Había una barandilla de madera y ella la miró. Ella recuerda estar parada en la puerta de la habitación de sus padres y mirarla, pero no había nadie allí. Esa fue la primera experiencia que vino a la memoria. Le pedimos al Señor que eliminara ese sentimiento y le diera a la niña lo que necesitaba en ese momento, que era amor (Limpieza / Llenar). Parecía simple y sabíamos que este no era el incidente inicial, pero había amplificado el incidente original. No pudimos encontrar ningún otro recuerdo, así que oramos para que el Señor le abriera los recuerdos. Le agradecimos al Señor y ella se fue a su casa (Dar Gracias Al Señor).

Dos días después había un mensaje en mi contestador automático; ella lo recordaba. La llamé por teléfono para verificar y ella me contó su historia; fue lindo e infantil. Su hermana y ella habían estado jugando en el patio de la granja cerca de la bodega de raíces. Su hermana estaba enojada con ella y, como resultado, la encerró en el sótano.

Hmm, no está bien. Por supuesto, ya que la hermana estaba enojada, la dejó por un tiempo. Ella debe haber regresado en algún momento, o Trina nunca habría llegado a mi oficina. Fue un incidente relativamente simple y no un evento inusual con los niños de la granja. He rezado por algunos incidentes como este.

¿Te imaginas la sensación de un niño de tres años en el sótano? ¡Mientras miraba a su alrededor, se sentiría herida, asustada, sola y sin disfrutar de la humedad! El pensamiento que quedó grabado en su mente fue, "cuando realmente necesito a alguien allí, no hay nadie". Estaba atrapada con ese pensamiento, sentimiento y conclusión. Es así de simple.

No tuvimos que orar por eso, porque ella ya había hecho su tarea y llamó a su hermana a larga distancia por teléfono. Oraron y el Señor las sanó a ambas.

Es bastante simple, cómo el *Método de Sanción de Heridas Personales* funcionó para Trina. Simplemente preguntamos y recibimos. Todo comenzó con un problema, uno de naturaleza emocional o psicológica. Llevamos ese problema al Señor en oración, pidiendo ayuda y sin tener idea de adónde nos llevaría. El Espíritu Santo guió nuestros pensamientos a algunas edades específicas, y luego el Espíritu Santo guió los pensamientos de Trina a recuerdos específicos. Luego se rezó por la sanación.

Notarás que no estuve allí en la última parte. Esto me muestra cuatro cosas: primero, no soy el sanador, y los dones del Espíritu Santo no son míos.

La sanación proviene de Dios a través de Jesucristo, y los regalos están disponibles para cualquiera que lo solicite.

Segundo, es que Dios usa la comunidad para sanar. Trina no podía superar esto por sí misma; ella lo intentó y no logró encontrar la fuente sola. Ella vino a mí para acceder al Señor a través de mis dones. Todos tienen dones y son para la comunidad. No los poseemos y somos responsables ante Dios y la comunidad por su uso adecuado.

> [4] Ahora bien, hay diversos dones, pero un mismo Espíritu. [5] Hay diversas maneras de servir, pero un mismo Señor. [6] Hay diversas funciones, pero es un mismo Dios el que hace todas las cosas en todos. [7] A cada uno se le da una manifestación especial del Espíritu para el bien de los demás.
> (1 Corintios 12:4-7)

En tercer lugar, Dios trabaja directamente con el individuo. Dios no necesita a nadie como canal si nos abrimos a Él. Me había usado para ayudar, pero al final, la oración de Trina sacó los resultados finales. Ella recordaba la *Raíz de la Amargura*. De modo que Dios puede y trata con nosotros directamente, y no necesitamos especialistas, consejeros, sanadores o sacerdotes.

Cuarto, Dios lidera si lo dejamos. Nuestro trabajo es ser abierto, abrir nuestra voluntad. Entonces Dios nos guiará y nos dirigirá, pero debemos estar abiertos a las indicaciones. Dios usa a su pueblo y al mundo que nos rodea.

Una hermana pequeña del Centro de Retiros Ursuline en Great Falls, Montana, me describió el concepto de la relación de Dios con nosotros una mañana después del desayuno. La hermana Ursula Marie dijo: "Somos los niños mimados del Dios bueno". Cuando terminé este trabajo, su mensaje me llamó la atención y quería compartirlo contigo.

7. Mi Oración

Mi oración por ti es que el Señor te bendiga, te sane y te lleve a la plenitud mientras te adhieres a su dirección:

> [22] Con respecto a la vida que antes llevaban, se les enseñó que debían quitarse el ropaje de la vieja naturaleza, la cual está corrompida por los deseos engañosos; [23] ser renovados en la actitud de su mente; [24] y ponerse el ropaje de la nueva naturaleza, creada a imagen de Dios, en verdadera justicia y santidad.
>
> (Efesios 4: 22-24 y Colosenses 3: 9-10)

Dios te bendiga en tu viaje.
Ken

NOTAS:

[1] SANACIÓN DE HERIDAS PERSONALES – DEFINICIÓN / EXPLICACIÓN

Sanación De Heridas Personales ha sido mencionada por muchos nombres: "Sanación interior", "Sanación de recuerdos" y "Sanación de emociones", "Sanación de almas", "Sanación de heridas del alma", etc.

Como sea que lo llames, se refiere a esas heridas, heridas emocionales, decisiones y acciones que resultan de eventos en nuestras vidas, como fracaso, rechazo, abandono, abuso, negligencia, violencia, inseguridad, vergüenza, terror, miedo, manipulado, dominado o controlado. Todas son heridas emocionales y todas son motivaciones negativas subyacentes para nuestras acciones y comportamiento.

En *Sanación De Heridas Personales*, Jesús cura esos dolores del pasado; transforma los recuerdos, elimina el dolor y nos da Nueva Vida. Él reemplaza las decisiones y entendimientos que formamos en el dolor y los reemplaza con Su Verdad. Por la Cruz de Jesús somos sanados.

[2] 1 Tesalonicenses. 5:23 se refiere a una división de Cuerpo, Alma y Espíritu. Me resulta más fácil entender la escritura dividiendo el Alma en dos partes: mente y alma. Veo que el Alma es el receptor de las bendiciones y el pecado. Veo la mente como una división separada que incluye pensamientos, recuerdos, voluntad y emociones.

Hebreos 4:12 se refiere a que, la Palabra de Dios es más aguda que una espada de dos filos, que corta entre el Espíritu y el Alma.

3 ²² En cambio, el fruto del Espíritu es amor, alegría, paz, paciencia, amabilidad, bondad, fidelidad, ²³ humildad y dominio propio. No hay ley que condene estas cosas. (Gálatas 5:22-23).

4 Hampsch, Padre John H., "The Touch Of The Spirit" (El Toqué del Espíritu). Padre Hampsch es un Claretian Missionary Priest con sede en Los Angeles.

5 Padre Robert DeGrandis (1932-2018) fue miembro de la Sociedad de San José. Actualmente participó en un ministerio de enseñanza, capacitación de liderazgo y curación a tiempo completo en todo el mundo. Fue miembro de la Association of Christian Therapists.

6 Dennis y Rita Bennett son pioneros en la Episcopal Charismatic Renewal. Consulte el Apéndice "D" para obtener más información.

7 El Alma aquí significa el receptor del residuo del pecado y el receptor de la gracia, el resultado de una buena acción y elección.

8 Padre Robert DeGrandis era miembro de la Sociedad de San José. El Padre DeGrandis es coautor de algunos de los libros con Betty Tapscott. Consulte el Apéndice "D" para obtener más información.

9 Scanlan y Cirner y otros autores se enumeran en Liberación en el Apéndice "D".

10 Nota del Autor: Una terapia recomendada es el uso de la enseñanza del Padre John H. Hampsch sobre "La Escritura Como Medicina" se encuentra en el Apéndice E.

11 Nota del Autor: La Teoría de Sistemas se describe como una aproximación al pensamiento que tiene causalidad circular: causalidad lineal, apertura, interactividad y unidades que reaccionan a ciertas reglas y resultados implícitos.

¹² Nota del autor: le recomiendo que obtenga el libro del Padre de DeGrandis "*Perdón y Sanación Interior*". Lea una oración por la mañana y otra por la tarde durante treinta días. A medida que lea la oración, esté atento a los problemas / situaciones que le ocurran. Estas son impresiones del Espíritu Santo. Pase cada uno por el *Ciclo De Cinco Pliegues*. Funciona – ¡pruébalo!

¹³ 'Transforming Problems' es un libro de Bert Ghezzi en las Lecturas Suplementarias – Apéndice 'D'.

¹⁴ Este libro no pretende ser un foro de discusión sobre la homosexualidad, sino más bien, explicar cómo se ha producido la curación en personas, que han optado por superar las atracciones no deseadas del mismo sexo.

Yo, Kenneth, descubrí que la curación se produjo en personas, que optaron por superar las atracciones no deseadas del mismo sexo.

Considero que los factores biológicos, psicológicos y sociales dan forma a la identidad sexual, a una edad temprana para la mayoría de las personas. Además, no existe un "gene homosexual" y no hay evidencia que respalde la idea de que, la homosexualidad es simplemente genética. Esta posición luego abre el campo a la curación y a la integridad a través de Jesucristo.

¹⁵ Le remito a http://www.narth.com, el sitio web de la National Association for Research and Therapy of Homosexuality, NARTH. Este sitio ahora está siendo redirigido a www.therapeuticchoice.com. En ese sitio puedes encontrar muchos estudios científicos y profesionales que examinan la homosexualidad::

- *NARTH's Response to the American psychological Association's Claims on Homosexuality (La Respuesta de NARTH a las Afirmaciones de la Asociación Americana de Psicología sobre la Homosexualidad). – Este artículo examina más de 100 años de literatura científica sobre el tema de superar las atracciones sexuales no deseadas.*

- *Identical Twin Studies Demonstrate Homosexuality Is Not Genetic (Estudiós de Gemelos Idénticos, demuestran que la Homosexualidad no es Genética). Por el Dr. Neil Whitehead.*

- *Practice Guidelines for the Treatment of Unwanted Same-Sex Attractions and Behavior (Guías Prácticas para el Tratamiento de Atracciones no Deseadas del Mismo Sexo y su Conducta) (Derecho a Tratamiento)* – Estas pautas están destinadas al tratamiento de clientes que experimentan atracciones y conductas no deseadas entre personas del mismo sexo.

- *Right to Treatment (Derecho al Tratamiento)* – NARTH Alliance respeta la dignidad, la autonomía y la agencia libre de cada cliente. Creemos que los clientes tienen derecho a reclamar una identidad gay, a disminuir su homosexualidad y a desarrollar su potencial heterosexual.

[16] Esta es una enseñanza, usada con permiso, del vasto recurso del Padre John Hampsch, CMF, Claretian Teaching Ministry, http://catholicbooks.net/

Apéndice 'A'

Ciclo De Cinco Pliegues – Método de Sanación de Heridas Personales

(UN MÉTODO DE RESOLUCIÓN DE PROBLEMAS)

He comenzado a entrenar a personas para que hagan la limpieza de la casa. Dice así:

Cuando estamos heridos, hay 3 reacciones negativas:

1. Falta de Perdón – La ira, la amargura, el resentimiento y cosas similares, son el primer gran problema.

2. Culpabilidad – Es autocompasión, incertidumbre, no perdonarse a sí mismo, preocupación, ansiedad, tensión causada por la preocupación, es el segundo problema.

3. Depresión – Esto es un síntoma de las das anteriores y por lo tanto, usted debe de lidiar con #1 y #2, la depresión desaparece por sí sola.

Proceso:

La respuesta a cómo lidiar con esto es fácil, si crees en la ayuda de Cristo. Pasa por un *Ciclo De Cinco Pliegues.*

1. Enfóquese En Dios: Enfóquese en Dios en oración, alabanza y acción de gracias. Pida los dones del Espíritu, que incluyen sabiduría, conocimiento y comprensión. Se humilde y penitente

2. Identificar: Identificar problemas y ser específico. Pide sabiduría y conocimiento del Señor. Busque fuentes específicas para los problemas y amplíelos. A menudo, los problemas se interconectan, así que asegúrese de separarlos e individualizarlos. Haz las cosas de una en una. Es un proceso de curación.

3. Limpieza: Haz algo

L
I
M
P
I
E
Z
A

- Perdona donde se necesita perdón.
- Perdona a otros, a Dios y a ti mismo.
- Vincula cualquier implicación espiritual.
- Confiesa y pide limpieza.
- Entregue el problema al Señor, por ejemplo: ansiedad / preocupación / etcetera.
- Pídale al Señor que se lo quite.
- A menudo es importante realizar un contacto personal con las partes involucradas. Sea sensible a la dirección del Señor en este asunto.
- Es bueno llevar estos asuntos a la Mesa de Comunión y repetir el proceso..

Lo que estamos haciendo en esta sección, es mordisquear gradualmente las áreas problemáticas. Recuerde que no puede lidiar con la depresión porque es un síntoma y, a menudo, de naturaleza muy global.

4. Llenar:

BENDICIÓN

- Pide la llenura del Espíritu Santo.
- Pregunte por las buenas características contrastantes.
- Pide las bendiciones y los regalos para llenar el espacio que queda cuando te limpiaste en el #3.
- La Oración y la lectura de las Escrituras son importantes.
- Asegúrate de pedir bendiciones para los demás que has limpiado. También necesitan los dones y las bendiciones.
- Pídele al Señor que sane el dolor.
- Llévalo a Comunión o Eucaristía.

Si limpia las áreas / problemas y no hace nada para reemplazarlos con aspectos positivos, existe una alta probabilidad de que pueda volver a las mismas viejas rutinas. Debes llenar el lugar que ha sido limpiado, con las cosas buenas de Dios a través de su Espíritu Santo..

5. Regrese al # 1. Deje de concentrarse en usted mismo.
Dar Gracias Al Señor.

Apéndice 'B'
El Espíritu Santo y los Dones del Espíritu Santo

Para comprender la Curación Interna y usarla de manera efectiva, necesita usar y estar activo en los Dones del Espíritu Santo. Algunos lo llamarán "Nacido del Espíritu", otros "Bautizados en el Espíritu", pero todos entienden que, hemos recibido un derramamiento del Espíritu Santo y que los Dones se han vuelto operativos en nuestra vida.

Hay tres relaciones en Dios: hay una relación con el Padre, el Creador y la Primera Persona de la Trinidad. La pregunta que a menudo hago es esta: "¿Tienes una relación con el Padre?". Y la siguiente pregunta que hago es: "¿Con qué nombre te llama?" El Padre me llama Ken o Kenny, y algunas veces hijo ... hijo especial, es una llamada familiar para mí.

El siguiente mira a Jesús, el Hijo encarnado de Dios, la Segunda Persona de la Santísima Trinidad. La pregunta que planteo acerca de la conexión con Jesús es: "¿Tienes una Relación Personal con Jesucristo?". Y además pregunto: "¿Con qué nombre te llama?", Jesús me llama amigo. En mi imaginación estamos bastante cerca. Una vez en una oración de Sanación sobre la soledad, lo vi en la parte trasera de la bicicleta que conducía. Su cabello, simplemente caía hacia atrás, mientras aceleramos por la calle en Medicine Hat, Alberta. Tenía 10 o 12 años de edad. ¡Hermosa imagen, y en ese recuerdo no hay más soledad!

La Tercera Persona de la Trinidad es el Espíritu Santo. Él debe morar dentro de nosotros. Nuestro cuerpo es el templo del Espíritu Santo.

> [19] ¿Acaso no saben que su cuerpo es templo del Espíritu Santo, quien está en ustedes y al que han recibido de parte de Dios? Ustedes no son sus propios dueños; [20] fueron comprados por un precio. Por tanto, honren con su cuerpo a Dios.
> (1 Corintios 6:19-20)

El Espíritu Santo mora en nosotros, vive en nosotros y sus dones se vuelven operativos en nuestra vida. Cuando recibí el Espíritu Santo en un Seminario de Vida en el Espíritu, descubrí que Dios se volvió interactivo en mi vida. Rezaría y vería sus acciones en mi vida. Vinieron en palabras, en visiones, por cambios en mis pensamientos y acciones, e incidentes de Dios en mi vida: Dios se volvió interactivo.

La siguiente página tiene una breve explicación del Espíritu Santo y sus Dones.

ENTENDER LOS REGALOS

1. ¿Qué se entiende por Dones Carismáticos?

Un Don Carismático, es una manifestación del poder y la presencia de Dios, dados libremente para el honor y la gloria de Dios y para el servicio a los demás.

Específicamente, el término se refiere a las manifestaciones del poder del Espíritu Santo mencionadas en las Escrituras, especialmente después de Pentecostés, y que siempre han permanecido con la Iglesia, tanto en su enseñanza como en su práctica.

2. ¿Cuántos Dones Carismáticos hay?

Como los Dones Carismáticos son manifestaciones del Espíritu Santo, es imposible decir cuántos hay. Las Escrituras proporcionan una serie de listas de servicios y ministerios. La lista clásica, utilizada por la mayoría, es la de San Pablo en 1 Corintios 12: 8-10, donde se describen nueve regalos. Estos nueve parecen ser ministerios normales que deberían estar presentes en todas las iglesias locales.

3. Enumera y describe estos nueve regalos.

Los nueve regalos, de acuerdo con la división triple habitual son:

A. LOS REGALOS DE LA PALABRA
   (El Poder de Decir)

a) El Don de Lenguas – por el cual la persona da el mensaje de Dios, en un idioma desconocido para él, para la comunidad presente. Este Don también incluye, un lenguaje de oración utilizado para la oración en persona. Es un regalo múltiple de idiomas con múltiples propósitos.

b) El Don de Interpretación – mediante el cual una persona, después del uso del Don de Lenguas, da el significado general de lo que la persona ha dicho, o una respuesta a lo que se ha dicho. La interpretación también se puede usar en privado junto con el Don de Lenguas de oración.

c) El Don de Profecía – por el cual, la persona da el mensaje de Dios en lengua vernácula (común), para la comunidad o para un individuo.

B. LOS DONES DE SEÑALES
(El Poder de Hacer)

a) <u>El Don de la Fe</u> – que permite a la persona en un momento dado creer e invocar el poder de Dios con una certeza que excluye toda duda.

b) <u>El Don de la Sanación</u> – que permite a la persona ser el instrumento de Dios, para lograr el bienestar de otra persona, en uno o más niveles, espiritual, psicológico o físico.

c) <u>El Don de los Milagros</u> – que permite a una persona ser el instrumento de Dios, en una curación instantánea o en alguna otra manifestación poderosa del poder de Dios.

C. LOS REGALOS INTELECTUALES
(El Poder de Saber)

a) <u>La Palabra de Sabiduría</u> – por la cual, a una persona se le otorga una idea del plan de Dios en una situación dada, y se le permite expresar palabras de consejo o de dirección.

b) <u>La Palabra de Conocimiento</u> – por la cual, a una persona se le otorga una idea de un misterio divino, o una faceta de la relación del hombre con Dios, y se le permite poner esto en una palabra que ayude a otros a comprender el misterio.

c) <u>El Don de Discernimiento</u> – mediante el cual, una persona puede conocer la fuente de una inspiración o acción, ya sea que provenga del Espíritu Santo o del espíritu maligno.

Apéndice 'C'
Todo Lo Negativo Se Convierte En Positivo En La Cruz

Ciclo De Cinco Pliegues – Método de Sanación de Heridas Personales

Cada vez que hay un negativo *lo llevamos al Señor – invitándolo a entrar!*

INVITA AL SEÑOR

1. **Pregúntele al Señor sobre el problema – Nos enfocamos en Dios en oración, alabanza y acción de gracias.**
   Pida los Dones del Espíritu, que incluyen Sabiduría, Conocimiento y Comprensión. Sea penitente.

2. **Identificar un Problema y ser específico.**
   Pide Sabiduría y Conocimiento del Señor. Busque fuentes específicas para los problemas y amplíelos. (Método básico de resolución de problemas).
   A menudo los problemas se interconectan. Haz las cosas de una en una.

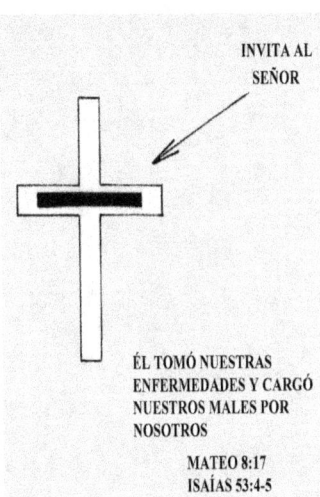

3. Limpieza:
- Perdona donde se necesite perdón
- Perdona a otros, a Dios y a ti mismo
- Atar cualquier participación espiritual.
- Confiesa y pide limpieza.
- Entregue el problema al Señor, por ejemplo: ansiedad / preocupación.
- Pídale al Señor que te lo quite.

4. Llena el espacio vacío con las bendiciones de Dios:
- Pide al Espíritu Santo que te llene.
- Pregunta por las buenas características contrastantes.
- Pide las bendiciones y los regalos para llenar el espacio que queda, cuando te limpiaste en el # 3.
- La Oración y la Lectura de las Escrituras son importantes.
- Asegúrate de pedir bendiciones para los demás que has limpiado. También necesitan los dones y las bendiciones.
- Pídele al Señor que sane el dolor.
- Llévalo a Comunión o Eucaristía.

5. Regrese al # 1. Deje de concentrarse en usted mismo.
Dar Gracias al Señor.

Apéndice 'D'
Lecturas Suplementarias

1. Referencias de Sanación Interna:

Bertolucci, John. *Healing: God's Work Among Us.* Ann Arbor: Servant Books, 1987.

DeGrandis, Robert, *Brokeness To Life.* DeGrandis, Robert. *Forgiveness And Inner Healing.*

DeGrandis, Robert. *Forgiveness Is Divine.*

Ghezzi, Bert. *Transforming Problems.* Ann Arbor: Servant Books, 1986.

Green, Thomas H. *Weeds Among The Wheat.*
Notre Dame: Ave Maria Press, 1984.

Hampsch, John H. *Healing Of Memories.* (Long Version), (CD) Claretian Teaching Ministry.

Linn, Matthew, and Dennis Linn, and Sheila Fabrican. *Healing The Eight Stage Of Life.* Mahwah: Paulist Press, 1965.

MacNutt, Francis. *Healing.* Notre Dame: Ave Maria Press, 1974.

Pearson, Mark A. *Christian Healing: A Practical Comprehensive Guide.* New Jersey: Chosen Books, 1990.

Sanford, Agnes. *The Healing Light.* Plainfield: Logos International, 1947.

Sandford, John Loren. *The Transformation of the Inner Man.* Tulsa: Victory House, 1982.

Seamands, David. *Healing For Damaged Emotions.* Wheaton: Victor Books, SP Publications, Inc., 1981.

Scanlan, Michael. *Healing Principles.* Ann Arbor: Servant Books, 1987.

Shlemon, Barbara. *Healing The Hidden Self.* Notre Dame: Ave Maria Press, 1982.

Wimber, John and Kevin Spranger. *Power Healing.* New York: Row Publishers, 1987.

2. Referencias de los Dones del Espíritu Santo:

Bennett, Dennis. *Nine O'clock In The Morning.* Plainfield: Logos International, 1970.

Bennett, Dennis, et al. *The Holy Spirit And You.* Plainfield: Logos International, 1971.

DeGrandis, Robert. *Coming To New Life.*

DeGrandis, Robert. *An Introduction To The Catholic Charismatic Renewal.*

Hampsch, John H. *The Touch Of The Spirit*. (CD) Claretian Teaching Ministry.

Roycroft, T.W. and Kenneth L. Fabbi. *You Can Minister Spiritual Gifts*. Lethbridge, Alberta, Canada: Kenneth L. Fabbi, 2019.

3. Referencias de Liberación:

Harper, Michael. *Spiritual Warfare*. Watchung: Charisma Books, 1970.

Prince, Derek. *From Curse To Blessing: You Can Choose*. Chosen, 2006.

Prince, Derek. *Spiritual Warfare*. Whitaker House, 1987.

Scanlan, Michael and Randall Cirner. *Deliverance From Evil Spirits*. Ann Arbor: Servant Books, 1980.

4. Revisión de Investigación de la Interacción de la Religión y la Salud:

Koenig, McCullough, Larson. *Handbook of Religion and Health*. New York: Oxford Press, 2001.

Apéndice 'E'
La Escritura Como Medicina[16]
El Rx del Doctor Jesús

A menudo escuchamos de personas que le dan escrituras a otras personas para ayudarlos a superar los problemas que enfrentan actualmente. Quizás alguien te haya dado una Escritura. Pero, ¿Para qué sirve? ¿Por qué se dan unas a otras Escrituras? Debe haber algún propósito para este acto y alguna expectativa de quien lo está dando. ¿Qué se espera y cuáles son los resultados potenciales?

Así que veamos esta práctica en los círculos cristianos de dar escrituras, comenzaremos observando una de las cuatro escrituras que dan crédito a esta práctica. En esta explicación, veremos cómo Jesús espera que usemos las Escrituras, el propósito que se debe lograr y cómo cada uno de nosotros podría usar esta práctica.

Primero veamos la Escritura que da sentido a esta práctica y luego veremos la Rx (prescripción) del Médico, Jesús.

Escritura: Proverbios 4: 20 – 22

[20] Hijo mío, atiende a mis consejos;

(estar atento a Mis palabras)

escucha atentamente lo que digo.

²¹ No pierdas de vista mis palabras;

guárdalas muy dentro de tu corazón.

²² Ellas dan vida a quienes las hallan;

son la salud del cuerpo.

El Medico – Jesús – nos da la receta: un plan de acción y una dirección autorizada para nuestra atención. Como el Rx del Doctor.

Las primeras líneas de las Escrituras están dirigidas a nosotros personalmente. Dice "Mi hijo" o "Mi hija". Nos llama de acuerdo con nuestra relación adoptiva con Jesús. Somos hijos e hijas adoptivos, herederos del Reino.

La primera directiva de Jesús en el versículo 20 es "estar atento". Hoy se podría decir: "¡preste atención, tengo algo que decir!". En las Escrituras el Señor dice que *preste atención*.

¿Prestar atención a qué? El Señor dice: "presta atención a Mis palabras". Jesús, el Médico, nos dice que prestemos atención a Sus palabras. ¿Qué palabras y dónde están? Están en las Escrituras. Jesús nos dice que prestemos atención a Sus palabras en las Escrituras.

En la siguiente porción del versículo 20, Jesús dice "inclina tu oído hacia ellos". ¿Puedes ver a todas las personas con la cabeza inclinada y la oreja inclinada? ¡No! Significa "escucharlos": escuchar las Escrituras.

Es posible que ya esté notando que Jesús, el Doctor Jesús, está dando instrucciones particulares. Es el Rx del Doctor. Y está discutiendo nuestras diferentes modalidades.

Primero: Atención, esté atento a Mis palabras.

Segundo: Audición: incline su oído.

Tercero: Vista: no los dejes escapar de tu vista.

Cuarto: Corazón: manténlos dentro de tu corazón.

Jesús está pasando por cuatro modalidades, a las cuales debemos aplicar las Escrituras. Nos está diciendo que prestemos atención – que los mantengamos en nuestra atención; siempre manteniéndolos enfocados y corriendo por nuestra mente.

Luego está diciendo "escúchalos". Bueno para escucharlos, tenemos que decirlos. Sabemos que cuando estudias y lees algo, si lo dices y lo escuchas, es probable que permanezcan en nuestra mente por más tiempo; la memoria se incrementa.

Luego, Jesús dice "manténlos a la vista". Ponga las Escrituras en los lugares donde las verá. Si eres un conductor, ponlos en tu tablero. Si eres un nerd de la computadora, ponlos en el monitor. Póngalos en el refrigerador, el espejo, su camiseta, etc. Cuando los veamos, nos recuerdan el mensaje. Cuanto más los vemos, más los recordamos.

Recordará la antigua línea de computadora: "Basura entrante – Basura afuera". Es el mismo principio con atención, vista y oído. Mientras más cosas buenas pongamos en nuestras mentes, visión y audición, más se almacenará en el interior y más probabilidades habrá de que estén allí cuando las necesitemos.

Finalmente, Jesús dice "manténlos en tu corazón". Qué significa eso? Significa reflexionar sobre ellos, revolverlos por dentro. El corazón es el almacén de lo que ponemos en él y de él proviene lo que se almacena. Recuerde que la Escritura dice que la Virgen María almacenó estas cosas en su corazón.

Echa un vistazo a Mateo y Lucas:

Mateo 12:34 - ¡Camada de víboras! ¿Cómo puedes hablar cosas buenas cuando eres malo? Porque de la abundancia del corazón habla la boca.

Lucas 6:45 - La buena persona del buen tesoro del corazón produce el bien, y la persona mala del mal tesoro produce el mal; porque de la abundancia del corazón habla la boca.

<u>Hagamos un resumen hasta este punto:</u>

El Doctor, Jesús, nos está instruyendo a nosotros, sus seguidores, a hacer cuatro cosas con las Escrituras:

Mantengámoslos en nuestra *Atención - Audición - Vista - y Corazón.*

¿Por qué? ¿Por qué quiere que los mantengamos en nuestra atención - audición - vista - y corazón? ¡Hay una expectativa para cada receta! Te remito al versículo 22 de Proverbios 4:

[22] Ellas dan vida a quienes las hallan;

son la salud del cuerpo.

Esta es la promesa del Doctor Jesús. Es una doble promesa: Vida y salud prometedoras.

Si mantenemos Sus palabras en nuestra *Atención - Audición - Vista - y Corazón*, nos darán vida. La energía de la vida, la vitalidad, la esperanza, la fuerza para continuar, etc. Además, si mantenemos Sus palabras en nuestra *Atención - Audición - Vista - y Corazón*, darán salud a todo nuestro cuerpo.

Puede entender esto, al observar problemas comunes en la vida de las personas. Si le preocupa, puede tener úlceras; si está enojado, es más probable que sufra ataques cardíacos. Entonces, por lógica simple podemos saber, si tienes cosas buenas en tu *Atención - Audición - Vista - y Corazón*, causarán buenos efectos en su cuerpo. Las defensas de su cuerpo se construirán y podrán defenderse. Es realmente bastante simple.

El Rx del Doctor Jesús:

MantengaN Mi Palabra en su *Atención - Audición - Vista - y Corazón.*

La Promesa:

Te dará vida y salud.

¿Cómo aplica la dirección del Médico?

Es simple, como lo son todas las cosas de Jesús. Toma el área de tu vida donde estás luchando y encuentra la Escritura que le habla. Manten esta Escritura en tu atención, oído, vista y corazón. Este es un ejemplo del "Llenar" en el *Ciclo de Cinco Pliegues*. Mientras lo haces, el problema se disipará, la vida volverá a esta área y se producirá la curación.

Mi hermano Ron, usa este método y enseña a otros a usarlo también. Cuando surge un problema, digamos miedo, reúne las Escrituras relacionadas con el miedo y las escribe en las tarjetas, como lo haría cuando se estudia en la Escuela o en la Universidad. Los lleva en el bolsillo de su camisa. Cada vez que hay un lugar libre en el día, o un intermedio en el programa de televisión, saca las tarjetas y las lee, piensa en ellas, las reflexiona y las escucha mientras las habla en voz alta. ¡Funciona!

El proceso consiste simplemente en aplicar las Escrituras al problema y dejar que las Escrituras (el amor de Dios), eliminen la basura de nuestras mentes, de nuestra atención, de nuestro oído, nuestra vista y nuestros corazones.

¿Qué sucede cuando seguimos las indicaciones del Médico? Recibimos el fruto de nuestro cumplimiento. La promesa: *"Son vida para quienes las encuentran"* y *"salud para todo el cuerpo de un hombre"*. Dan sanación y salud en todo el cuerpo.

Aquí hay otra historia para embellecer este método de *Las Escrituras Como Medicina*.

Y luego estaba Juan

Juan tenía estas ideas sexuales flotando en su cabeza todo el tiempo. Cada vez que había una pausa en su pensamiento o atención, los pensamientos sexuales aparecían en su mente. No pudo detenerlo. Juan trató de tocar música todo el tiempo o luchar contra los pensamientos, pero tarde o temprano con su constante fastidio, comenzaría a ceder y se encontraría en una fantasía completa, sobre los placeres sexuales. Sintiéndose avergonzado y culpable, Juan vendría ante Dios y rogaría perdón, prometiendo no seguir nunca más los pensamientos, pero se repitió y repitió a medida que los pensamientos y las imágenes se apoderaron de su mente.

Juan sabía que todos sus esfuerzos y su enfoque no podían detener este asalto espiritual; él dijo que había intentado todo. Así que juntos caminamos a través del *Ciclo de Cinco Pliegues*, buscando la fuente y la limpieza. Cuando llegamos al momento de llenar, se hizo evidente que necesitaba una herramienta para usar una y otra vez a medida que cada pensamiento o imagen se le ocurría. La Escritura, usando la Espada del Espíritu, es una gran arma para luchar y defender.

> [12] Ciertamente, la palabra de Dios *es viva y poderosa*, y más cortante que cualquier espada de dos filos. Penetra hasta lo más profundo del alma y del espíritu, hasta la médula de los huesos, y *juzga los pensamientos y las intenciones del corazón.* – Hebreos 4: 12 (El autor escribe en etálico).

Entonces Juan oró y pidió una Escritura que podría usar cada vez que su mente fuera atacada. La Escritura llegó rápidamente:

> [105] Tu palabra es una lámpara a mis pies; es una luz en mi sendero. – Salmos 119:105

La dirección para la curación era que, cada vez que se le ocurría un pensamiento o una imagen, Juan debía decir este simple Salmo. Juan descubrió que, cada vez que decía el Salmo, las ideas desaparecían y gradualmente los pensamientos e imágenes disminuían. Fue una batalla que ganó usando las Escrituras como medicina del Doctor Jesús.

¡Prueba esta receta Rx del Doctor Jesús y usa *"La Escritura Como Medicina"* en tu propia vida!

www.ingramcontent.com/pod-product-compliance
Lightning Source LLC
Chambersburg PA
CBHW050440010526
44118CB00013B/1609